Pasta-Saucen

original italienisch

Yvonne Tempelmann

Pasta-Saucen

original italienisch

MIDENA

Die Deutsche Bibliothek – CIP-Einheitsaufnahme

Tempelmann, Yvonne
Pasta-Saucen: original italienisch /
Yvonne Tempelmann. Küttigen/Aarau:
Midena-Verl. : Augsburg : Weltbild-Verl., 1997
ISBN 3-310-00292-6

Alleinvertrieb für Deutschland:
WELTBILD VERLAG GmbH
Steinerne Furt 68–70, 86167 Augsburg

Gestaltung Umschlag: Dora Hirter, Birrwil
Konzeption und Gestaltung Inhalt: Ursula Mötteli, Grafikdesign, Aarau
Fotos: Thomas Cugini, Zürich
Satz: Kneuss Satz AG, Lenzburg
Fotolithos: Litho 2000 AG, Basel
Druck und Bindung: Neue Stalling, Oldenburg

ISBN 3-310-00292-6

Inhaltsverzeichnis

13 Vorwort

EINFÜHRUNG

15 Annäherung an ein kleines (kulinarisches Wunder)

DIE KLASSISCHEN PASTASAUCEN

31 ***Sugo bolognese***
Sauce bolognese
32 ***Sugo alla napoletana***
Tomatensauce
33 ***Aglio e olio e peperoncino***
Sauce aus Olivenöl, Knoblauch und Pfefferschoten
34 ***Sugo di funghi***
Pilzsauce
Pesto alla genovese
Basilikumsauce
35 ***Salsa al Gorgonzola***
Gorgonzolasauce
Sugo carbonara
Sauce mit Eiern, Käse und Speck

GEMÜSESAUCEN

38 ***Tagliatelle alle verdure***
Nudeln an Zucchinisauce
41 ***Farfalle alla salsa di radicchio rosso***
Schmetterlingsnudeln an roter Radicchio-Sauce
43 ***Tagliatelle alle fave e asparagi***
Nudeln an Sauce von Fave und Spargel
44 ***Fusilli con sugo di melanzane***
Spiralnudeln an Auberginensauce
47 ***Sugo crudo con peperoni e cipolla bianca***
Sauce von Gemüsepaprika und weißen Zwiebeln
49 ***Spaghetti con sugo di pomodori crudi***
Spaghetti an roher Tomatensauce

49 *Sugo alla cipolla bianca*
Sauce aus weißen Zwiebeln
51 *Pesto alla rucola*
Raukesauce
54 *Penne al sugo crudo ai capperi*
Penne an roher Kapernsauce
Pennette rigate con sugo crudo di zucchini
Pennette an Zucchinisauce
56 *Tagliatelle rosa alla salsa di porro*
Rosa Bandnudeln an Lauchsauce
58 *Tagliatelle alla salsa di rucola*
Nudeln an Raukesauce
60 *Spaghetti al pesto con fiori di zucchini*
Spaghetti an Basilikumsauce mit Zucchiniblüten
63 *Gnocchi alla crema di carciofi*
Gnocchi an Artischockenpaste

FISCHSAUCEN

66 *Tagliatelle verdi con sugo al tonno*
Grüne Nudeln an Thonsauce
69 *Spaghettini al sugo di cipolle con acciughe*
Feine Spaghetti an Sauce von Sardellenfilets und weißen Zwiebeln
70 *Rigatoni al sugo di frutti di mare*
Rigatoni mit Sauce aus Meeresfrüchten
73 *Sugo al pesce spada e melanzane*
Schwertfischsauce mit Auberginen
75 *Tagliatelle al salmone*
Eiernudeln an Lachssauce
76 *Spaghetti alle vongole*
Spaghetti mit Muscheln
78 *Tagliatelle nere al sugo di seppie alla romana*
Schwarze Nudeln an Tintenfischsauce

FLEISCHSAUCEN

82 *Rigatoni al ragù di agnello*
Rigatoni an Lammfleischsauce
85 *Penne norcine*
Penne nach der Art von Norcia
87 *Sugo al cinghiale*
Wildschweinsauce

88 *Pappardelle alla lepre*
Breite Bandnudeln an Hasenfleischsauce
90 *«La disperata» alla Loriana Ciumi*
Nudeln nach Loriana Ciumis Art
Fettuccini disperate
Nudeln an scharfer Sauce alla Betulia
95 *Tagliatelle al sugo di fegato d'oca*
Nudeln an Gänselebersauce
97 *Salsa alla salsiccia e radicchio rosso*
Sauce von Schweinswürstchen und rotem Radicchio
98 *Farfalle alla romana*
Schmetterlingsnudeln an Sauce nach Römerinnenart
Sugo al fegato di pollo
Sugo von Hühnerleber
101 *Sugo di carne al Ristorante Latte di Luna, Pienza*
Fleischsugo nach Rezept des Restaurant Latte di Luna
103 *N'dunnja calabresi*
Kalabresische Fleischsauce

KÄSE- NUSS- UND PILZSAUCEN

107 *Tagliatelle fresche con salsa di tartufo*
Frische Eiernudeln an Trüffelsauce
108 *Penne al Gorgonzola*
Nudeln an Gorgonzolasauce
110 *Tagliatelle al zafferano e papavero*
Safrannudeln mit Mohnsamen
Salsa rosa
Feine Tomatensauce
111 *Sugo bosciaiola*
Steinpilzsauce «Boscaiola»
112 *Paglia e fieno con sugo die funghi porcini*
Grüne und weiße Nudeln an Steinpilzsauce
115 *Ravioli di ricotta al sugo di noci*
Ravioli mit Ricottafüllung an Nußsauce
116 *Spaghetti al sugo del bosco*
Spaghetti an Waldpilzsauce
118 *Sugo al profumo del bosco*
Waldpilzsauce
119 *Frittata di pasta*
Nudelpfannkuchen

122 Verwendete Abkürzungen
123 Stichwortverzeichnis

Für einmal hat das geflügelte Wort «Reden ist Silber, Schweigen ist Gold» keine Gültigkeit. So viele Menschen – hier in der Schweiz und vor allem in Italien – haben den Faden aufgenommen und weitergesponnen, wenn ich während des letzten halben Jahres von der Arbeit an diesem Rezeptbuch erzählte. Sie haben in ihrem Rezeptfundus gekramt und großzügig Küchengeheimnisse preisgegeben. Freundinnen wie Marlies, Susanne und Trix dachten mit; Max Brunner, der Kochphilosoph, prüfte die Rezepte und ließ sein Wissen einfließen. Thomas Cugini fotografierte Land, Leute und Gerichte mit der ihm eigenen Sensibilität, Erica Bänziger kochte die Gerichte im Studio so sorgfältig und genau nach, als ob es ihre eigenen wären. Hobby-Köchinnen und -köche wie Lify Bucher oder Vera und Gian Franco Ferretti öffneten mir Tore zur eigenen Kochkunst und zu kochbeflissenen Freunden wie Marisa Piccolini und Anna Maria Salvi. Professionelle Köchinnen und Köche überließen mir Erfolgsrezepte, allen voran Dania Lucherini, Loriana Ciumi, Roberta Bougleux Giani, Salvatore Denaro, Nicola Masiello, Ernesto Paziani und Luciano Zazzeri. Ihnen allen möchte ich herzlich danken.

Grazie a tutti i miei amici e l'altra gente in Italia che mi hanno lasciato partecipare al loro professionalismo o mi hanno rivelato con gentilezza le loro ricette famigliari, anche quelle molto segrete.

Annäherung an ein kleines (kulinarisches) Wunder

Geht es Ihnen auch so: Ein Teller Spaghetti auf dem Tisch und die Welt ist wieder in Ordnung. Oder wähnen Sie sich im sonnigen Süden – tauchen da nicht auch gleich Bilder von einem bunten Pasta-Teller vor dem inneren Auge auf? «Pasta asciutta» – zu Deutsch Nudeln/Teigwaren in allen Variationen – versinnbildlichen die vielfältigen Landschaften, das warme Klima, die Eßkultur unseres südlichen Nachbarlandes wie sonst kaum etwas. Pasta steht für Italianità, Lebensfreude und kulinarische Höhenflüge gleichermaßen!

Fragen Sie in Italien irgendwen nach einem Pastarezept! Nach einem? Nur wenn Sie Pech haben, wird man Sie auf ein einschlägiges Kochbuch verweisen. Sonst aber werden Sie augenblicklich von der legendären «Bolognese» der Nonna oder von den köstlichen «Tagliatelle» der Zia erfahren – und kaum mit nur einem einzigen Rezept von dannen ziehen. Denn das eine führt, und das ist so sicher wie das Amen in der Kirche, zum nächsten, und zum übernächsten – je nach den kulinarischen Gepflogenheiten derer, die Sie befragten. Dies zumindest ist meine Erfahrung mit Pastarezepten. Menschen in ganz unterschiedlichen Lebenssituationen – alt wie jung, Frau wie Mann, professionelle Kochinnen und Köche geizten nicht mit eigenen oder überlieferten Rezepten aus dem kulinarischen Fundus ihrer Familien. Ihnen allen, die ihre Rezepte spontan preisgaben, habe ich zu danken, wenn es mir als Nicht-Italienerin ein Stück weit gelang, mich dem Pastawunder anzunähern: Pastasaucen, wie sie in italienischen Küchen in Variationen seit Generationen gekocht werden – jeden Tag eine andere und für Feste «eine ganz besondere».

Von der Vielfalt der Pastagerichte

Die Vielfalt der Nudelgerichte ist tatsächlich unerschöpflich, und das aus verschiedenen Gründen. Die vielen Gerichte resultieren einesteils aus den verschiedenen Grundteigen, aus denen die zahlreichen Nudelarten und -sorten hergestellt werden, andernteils aus den variantenreichen Saucen, die je nach Konsistenz «salsa», «sugo» oder «ragù» heißen. Doch langsam und der Reihe nach.

Wo die Nudeln ihren Ursprung haben und seit wann es sie gibt, war lange umstritten. Nudeln wurden unabhängig voneinander in vielen Ländern Europas und Asiens «erfunden». Nach dem renommierten Sachbuch «Histoire de la nourriture» von Maguelonne Toussaint-Samat (Bordas Verlag) gab es sie lange, bevor sich die italienischen Städte Neapel und Bergamo ihre Erfindung streitig machten. Denn seit die Menschen gelernt hatten, aus Getreide Mehl zu mahlen, mischten sie es mit Flüssigkeit zu Teig. So sind Rezepte für hausgemachte Nudeln seit dem Altertum bekannt. Gewerbsmäßig wurde frische Pasta seit dem 15. Jahrhundert zuerst in Neapel hergestellt und verkauft. Der entscheidende Schritt zu den heutigen Nudeln, der «Pasta asciutta», gelang allerdings erst im 18. Jahrhundert in Torre Annunziata, einer Stadt südlich von Neapel. Hier wechselt das Klima unter dem Einfluß der Winde täglich viermal – ein Klima, das es braucht, um Nudeln an der Luft zu trocknen und dadurch haltbar zu machen. Seither heißen sie «Pasta asciutta» – getrocknete Nudeln.

Das Geniale an «Pasta asciutta» ist, daß sie leicht herzustellen ist (es braucht dazu weder Hefe noch Backpulver), für die Aufbewahrung wenig Platz beansprucht – sie quillt ja erst bei der Zubereitung auf – und auf vielfältige Weise zubereitet werden kann. Nudeln stillen erstens den Hunger und zweitens sind sie «Geschmacksträger», denn erst die weitere Zubereitung prägt ihren Charakter als Gericht.

Zwar gibt es heute im Handel Nudeln aus verschiedenen Getreidearten, jedoch wird die klassische «Pasta asciutta» meistens aus Hartweizenmehl hergestellt. Lediglich durch Zusatz von Wasser entstehen teils industriell, teils in Familienbetrieben «handwerklich» hergestellte Nudeln in einem erstaunlichen Formenreichtum. Ganz abgesehen von den mehr als klassischen Spaghetti, die zu den «Paste lunghe» zählen, wird auch bei den langen Nudeln vielfach variiert. Je nach Dicke und Beschaffenheit gehören sie zu den Spaghetti, bei denen die feinsten «Cappellini» (Haare), die schon etwas dickeren «Vermicelli» oder «Vermicellini» (Würmchen) heißen. Wenn sie hohl sind, gehören sie zur Familie der «Maccheroni», sind sie jedoch flach, gehören sie zu den Bandnudeln, die je nach Breite «Tagliolini», «Tagliatelle», «Linguine», «Fettuccine» oder als breite Sorte «Pappardelle» genannt werden. Zur «Pasta corta» zählen die verschiedenen «Penne» (Federn), glatt oder gerillt und gerade oder schräg geschnitten, die «Farfalle», in Deutschland «Schmetterlinge» und in der Schweiz «Kravättli» genannt. Daneben gibt es viele andere Formen mit mehr oder weniger großen Hohlräumen wie die «Conchiglie» (Muscheln) oder «Orecchiette» (Öhrchen) usw.

Sobald dem klassischen Grundteig jedoch Eier zugemischt werden, entstehen die weniger lang haltbaren Eiernudeln, die von intensiverer gelber Farbe sind. Sie können aber auch noch bunter sein: Nebst vertrautem Hellgelb oder Dunkelgelb gibt es sie nun auch in Rot, Grün, Ockergelb, ja auch in Schwarz. Farbträger sind Tomaten oder rote Beten/Randen für rote Nudeln, Spinat oder Rauke/Rucola für grüne, Steinpilze für ockergelbe und Tinte des Tintenfisches für schwarze Sorten. Sogar in Italien beginnt sich nun diese Farbenfreude durchzusetzen – wenn auch noch zurückhaltender als im umliegenden Ausland.

Nudel-Übersicht

«Pasta», Alltagsgericht und Krönung der italienischen Küche gleichermaßen, ist in Deutschland unter dem Begriff «Nudeln», in der Schweiz unter der Bezeichnung «Teigwaren» geläufig. Sie werden in vier Kategorien geordnet: kurze Nudeln (Pasta corta), lange Nudeln (Pasta lunga), gefüllte Nudeln (Pasta ripiena) und überbackene Nudelgerichte (Pasta al forno). Vor allem unter den Gattungen kurze und lange Nudeln existiert eine Vielzahl verschiedener Formen, die sich von Region zu Region unterscheiden können. Kenner wählen eine bestimmte Sorte niemals zufällig. Je nachdem wählt man eine Art, an der die Sauce gut haftet oder in deren Hohlräumen sich kleine (Ragù)-Stückchen festsetzen können (normale Spaghetti oder gerillte Penne aus Hartweizengrieß beispielsweise). Für feine Saucen auf Butter- oder Sahnebasis eignen sich feine Eiernudeln, dünne Spaghetti oder die delikaten frischen Eiernudeln am besten.

Eine Auswahl gefüllter Nudeln, sogenannter «Pasta corta ripiena»: Tortellini (vorne) und große Ravioli mit verschiedenen Füllungen (Pasta fresca, Torrita di Siena).

TORTELLI
4 FORMAGGI
TORTELLONI
DI

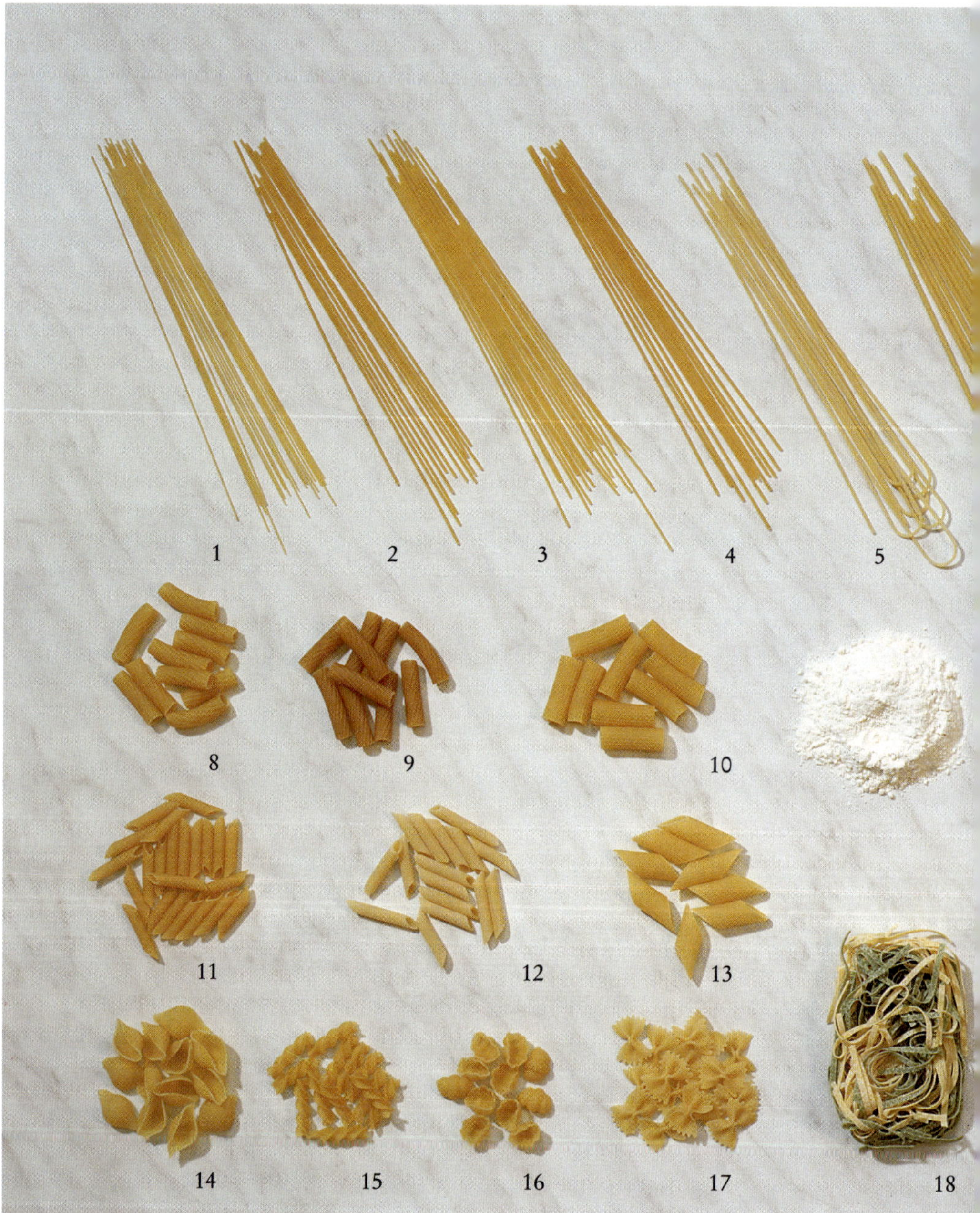
1
2
3
4
5
8
9
10
11
12
13
14
15
16
17
18

Das ist eine Auswahl der gängigsten Nudelarten:

1 Capellini, ganz dünne Spaghetti (Barilla Nr. 1)
2 Vermicellini, dünne Spaghetti
3 Spaghetti Nr. 5
4 Vollkorn-Spaghetti Nr. 8
5 Hohlnudeln (Bucatini)
6 Spaghetti aus Familienbetrieb
7 Eiernudeln mit Rauke/Rucola gefärbt
8 Gerillte Penne
9 Gerillte Vollkorn-Penne
10 Rigatoni
11 Glatte Vollkorn-Penne
12 Glatte Penne
13 Kleine gerillte Penne
14 Gerillte Muscheln (Conchiglie)
15 Spiralnudeln (Fusilli)
16 Nockerl (Gnocchi)
17 Schmetterlingsnudeln (Farfalle)
18 «Heu- und Stroh»-Eiernudeln (Paglia e fieno)
19 Feine Eiernudeln (Tagliolini all'uovo)
20 Mittlere Eiernudeln (Fettuccine)
21 Nudeln mit Basilikum gefärbt
22 Nudeln mit Rote-Bete-Saft (Randen) gefärbt
23 Nudeln mit Tinte vom Tintenfisch gefärbt
24 Eiernudeln
25 Breite Eier-Bandnudeln (Pappardelle)

Die frische Pasta und ein Hausrezept dazu

Sucht man eine besondere Nudelqualität für eine spezielle feine Sauce, bieten sich hausgemachte Eiernudeln an, die es immer häufiger frisch im Feinkost- oder Traiteurgeschäft oder als rasch zu verbrauchende Frischkonserve auch im gängigen Lebensmittelgeschäft zu kaufen gibt. Wer selber einen Versuch wagen will, dem sei das Rezept von Dania Lucherini vom Ristorante La Chiusa in Montefollonico empfohlen. Diese selbstgemachten Nudeln werden nur kurz an der Luft getrocknet und gleich darauf gekocht – was je nach Dicke rund zwei Minuten beansprucht. Danias Grundrezept für frische Nudeln:

für 4 Personen
300 g Mehl, wenn möglich Hartweizendunst
3 Freilandeier
1 EL Olivenöl extra vergine
1/2 TL Meersalz

Das Mehl auf die Arbeitsfläche häufen, in der Mitte eine Vertiefung formen und die Eier, das Öl und das Salz hineingeben. Mit einer Gabel die Eier und das Öl mit dem Salz in der Vertiefung mischen und nach und nach etwas Mehl dazurühren. Dann mit den Händen von der Mitte her weiter Mehl dazukneten, bis alles Mehl aufgebraucht und ein glatter Teig entstanden ist. Aus der Teigmasse zwei Klöße formen, diese nochmals durchkneten und zugedeckt etwa 20 Minuten ruhen lassen.

Die beiden Klöße nochmals halbieren. Den Teig auf der bemehlten Arbeitsfläche mit dem Nudelholz portionsweise ganz dünn ausrollen und in die gewünschten Formen schneiden. Den noch nicht verarbeiteten Teig immer mit einer umgedrehten Schüssel zudecken, damit er nicht antrocknet.

Salsa, Sugo oder Ragù?

Das Pünktchem auf dem «i» ist bei Pastagerichten selbstverständlich die Sauce. Beinahe alles, was seit Generationen auf jedem noch so kleinen Bauernhof zur Verfügung stand und steht oder irgendwo im Garten wächst, eignet sich für eine Pastasauce; so auch das Fleisch von Rind, Schwein, Lamm, Kaninchen, Wild und Geflügel. Aus den Küstenregionen rund ums Mittelmeer stammen zahlreiche Fischrezepte. Nicht zu vergessen sind die Pilze, Nüsse und Kerne sowie die je nach Region verschiedenen Käse und natürlich die Ricotta, ein Frischkäse aus Molke, ohne die kein Raviolo die samtene Füllung aufwiese, die es zum köstlichen Raviolo machen.

Alle diese Nahrungsmittel gehören nebst den duftenden Kräutern zu den Zutaten, die in Italien seit Generationen in der Küche verwendet werden und sich in der Salsa, im Sugo oder im Ragù wiederfinden. Einige dieser Saucen sind zu «Klassikern» geworden. Viele lassen sich einer Region zuordnen, dem «kühleren» Norden des Piemont und der Lombardei, der weitläufigen «Mitte», der Emilia Romagna, der bewaldeten Maremma längs des Mittelmeers vor Rom, oder den mediterranen Landschaften Kalabriens und Apuliens oder den fast subtropischen Küsten am Golf von Neapel, den Liparischen Inseln und Sizilien.

Seit jeher wurden die Rezepte von Generation zu Generation weitergegeben, selten schriftlich, sondern praxisnah am Herd. Auf diese Weise mutierten viele mündlich überlieferte Rezepte vom «Originalrezept» zu Gerichten «alla casalinga», also nach der «Art der Hausfrau». Und alle haben sie etwas gemeinsam: Sie wurden von Menschen geschaffen, denen es nicht an Phantasie und der Gabe mangelte, mit den einfachsten zur Verfügung stehenden Zutaten Ungewöhnliches auf den Tisch zu bringen.

Das Sympathische an Pastasaucen ist jedoch, daß, wer einmal das Grundprinzip verstanden hat, alsbald in der Lage sein wird, aus

Vorräten auch ohne genaues Rezept eine Sauce zuzubereiten. Übrigens: die Pastasauce wird in der Regel «sugo» genannt. Eine cremige Sauce auf Butterbasis ist eher eine «salsa», und in ein «ragù» gehören auch größere Fleischstücke. Wann nun aber welche Nudeln zu welcher Sauce serviert werden, dafür gibt es keine Regeln. Hier werden individuelles Geschmacksempfinden und persönliche Vorlieben angesprochen. Grundsätzlich kann aber gesagt werden, daß zu einer feinen Sauce – einer «salsa» eben – eher eine feine Nudelart gehört, z. B. Eiernudeln, eventuell sogar frische Eiernudeln (Pasta all'uovo). Alle klassischen Sugo werden nicht nur, aber häufig mit Spaghetti serviert. Kräftigere Sugo passen gut zu Penne oder Formen mit Hohlraum, wo er sich auch schön festsetzen kann. An «Penne rigate» haften kräftige Sugo ebenfalls vorzüglich.

Das Geheimnis der perfekten Pastazubereitung

Zu den unverzichtbaren Geräten, ohne die eine «perfekte» Pasta nicht gelingt, gehört ein großer Kochtopf zum Garen der Nudeln. Entscheiden Sie selbst, was für Ihren Haushalt richtig ist. Dazu einige Mengenangaben. Für einen ersten Gang vor dem Hauptgericht – in Italien als «primo» üblich – reichen 75 g Nudeln pro Person; für eine Hauptspeise rechnet man 100 bis 125 g Nudeln. Für 100 g Nudeln wiederum braucht es einen Liter Wasser und einen Teelöffel Salz; für 150 bis 200 g Nudeln demnach einen Kochtopf von mindestens 3 Litern Inhalt. Hat man drei und mehr Personen am Tisch, sollte der Topf mindestens 4, besser aber 5 oder 6 Liter Wasser fassen. Falls Sie sich mit der italienischen Küche anfreunden, lohnt sich diese Investition in jedem Fall, denn auch die Minestrone, die ebenso nahrhafte wie köstliche Gemüsesuppe, köchelt gerne in einem großen Topf. Der Kochtopf sollte zwei Griffe haben, vorzugsweise solche, die beim Kochen nicht heiß werden. Ideal ist ein «Pasta-Kochtopf» mit einem Abgieß-Sieb (Durchschlag). Nützlich sind ferner Rührlöffel oder -gabel mit langem Stiel aus Holz. Und für die Zubereitung der Sauce ist eine Sauteuse, das heißt eine gut schwenkbare Stielkasserolle mit etwas abgerundetem Boden am besten. Sie sollte nicht zu klein sein, weil die gegarten und abgetropften Nudeln – wie in der Gastronomie allgemein üblich – oft in der Sauteuse mit der Sauce vermengt und nochmals erwärmt werden. Dieses Vorgehen kann auch für den Privathaushalt wärmstens empfohlen werden!

Der Gar-Kniff

Vergessen Sie ihn! Es gibt nur eine Möglichkeit, den richtigen Garpunkt zu erwischen – indem man neben dem Kochtopf steht und ab einem gewissen Zeitpunkt die Nudeln immer wieder probiert. Der Garpunkt ist erreicht, wenn die Nudeln den Zähnen noch etwas Widerstand bieten, das heißt «al dente» respektive bißfest sind. Auch die auf der Nudelpackung empfohlene Garzeit kann lediglich ein Richtwert sein. Übrigens geistert bei uns «Nordlichtern» immer noch die irrige Meinung herum, daß einige Tropfen Öl das Verkleben der Pasta verhindern. Das Öl ist absolut überflüssig. Viel wichtiger ist, während des Garprozesses ab und zu mit einem Holzlöffel oder einer Holzgabel zu rühren. Nach dem Abgießen werden die Nudeln gleich mit der Sauce vermengt, was das Verkleben verhindert.

Die Mise en place

Für das Gelingen der Saucen ist, wenn man nach Rezept kocht, die sorgfältige Mise en place eine unverzichtbare Voraussetzung. Nur wenn alle Zutaten im richtigen Moment und in der richtigen Form bereitstehen, kann die Kocherei problemlos vor sich gehen – ohne nervöse Improvisationen und unsorgfältige oder gar unsachgemäße Arbeitsgänge. Das bedeutet, das Rezept vor dem Einkauf aufmerksam zu lesen (Einkaufszettel!) und zu Beginn der Zubereitung als erste Arbeit alle Zutaten in die Form zu bringen, in der sie während des Garprozesses zur Verfügung stehen müssen (putzen, waschen, hacken, schneiden usw.).

Die Flüssigkeitsmenge

Die benötigte Flüssigkeitsmenge variiert unter Umständen je nach Beschaffenheit der Zutaten und dem Tempo des Garprozesses (das ist eine Frage des Geräts, aber auch der Handhabung). Manchmal kocht eine Sauce rascher ein, manchmal fällt sie dünnflüssiger aus. Beides läßt sich korrigieren; einer zu dickflüssigen Sauce wird löffelweise Brühe oder Wasser beigegeben, bei einer zu dünnflüssigen wird die Garzeit verlängert. Wird mit Wein abgelöscht, läßt man vor dem Weiterkochen zuerst den Alkohol bei mittlerer Temerpatur verdunsten. Das dauert nur wenige Minuten. Ist in einem Rezept Wein vorgesehen, empfiehlt es sich, den gleichen Tropfen zu verwenden, der zum entsprechenden Gericht ebenfalls paßt. Jedenfalls wäre es verfehlt, zum Kochen eine minderwertige Qualität zu verwenden. Die Zugabe dieser Geschmacksnote soll das Gericht schließlich raffinierter machen.

Qualität geht vor Quantität

Was die Mengenangaben ganz allgemein betrifft, werden Sie bald feststellen, daß es sich um verläßliche Richtwerte handelt, an die man sich aber nicht sklavisch halten muß. Ratsam ist, mit Salz allgemein sparsam umzugehen, nicht nur weil zu hoher Salzkonsum unserer Gesundheit nicht zuträglich ist, sondern auch weil gewisse Nahrungsmittel bereits Salz enthalten. Nachsalzen ist nie ein Problem, während es beinahe unmöglich ist, eine versalzene Sauce zu «retten». Beim Fleisch sollte man die angegebenen Mengen in der Regel nicht unterschreiten. Möchte man vermehrt auf Fleisch verzichten, weiche man auf eine der zahlreichen fleischlosen Varianten aus – denn ein Sugo bolognese beispielsweise braucht einfach ein gewisses Quantum Fleisch, damit die Aromen der verschiedenen Ingredienzien harmonisch miteinander verschmelzen können.

Sind beim Lebensmittelhändler bestimmte Zutaten nicht erhältlich, gibt es in den meisten Fällen Ersatzprodukte; oft werden sie im Rezept erwähnt. Gemüse aus dem Garten oder vom Markt ist bezüglich Frische durch nichts zu übertreffen. Wenn von Olivenöl die Rede ist, dann ist die Qualität «extra vergine» gemeint, d. h. ein kaltgepreßtes Öl erster Pressung. Billigere Öle entstehen durch weitere Preßvorgänge und durch Erhitzen. Diese Qualitäten entsprechen aber in keiner Weise dem, was in Italien und in anderen Olivenöl produzierenden Regionen unter «Olivenöl» verstanden wird. Beim Pfeffer ist immer frisch gemahlener Pfeffer gemeint – auch darauf legen gute italienische Köchinnen und Köche großen Wert.

Und jetzt ist es an Ihnen. Lassen Sie nie eine Pasta verkochen – passiert Ihnen dieses Mißgeschick doch einmal, setzen Sie besser gleich eine neue Portion auf! Das ist nämlich die letzte «goldene Regel», die ich Ihnen nahelegen möchte. Auch wenn die Sauce – je nachdem schon recht lange – geköchelt hat, abgeschmeckt und fertig ist, werden die Nudeln erst gekocht, wenn alle Familienmitglieder und Gäste zu Hause, besser aber schon am Tisch sind. Die Hungrigen sollen auf die Nudeln warten, nicht umgekehrt – das ist guter italienischer Brauch. Sie werden ja entsprechend belohnt: mit einer feinen Speise, die in unserem südlichen Nachbarland in jeder Familie täglich einmal auf den Tisch kommt.

6
4
1
2

Die klassischen Pastasaucen

Die klassischen Pastasaucen

Was jeder italienischen Köchin und jedem italienischen Koch geläufig ist, sind die Klassiker unter den Pastasaucen. Nebst dem «Sugo bolognese», dem wohl bekanntesten unter den Fleischsaucen, gehören dazu natürlich auch eine ganz einfache Tomatensauce, auch bekannt unter «Sugo napoletana», dann die Sauce, die schon fast keine mehr ist, ein Gemisch aus Olivenöl und Knoblauch. Aber auch eine Sauce, deren wichtigster Bestandteil Käse ist, darf hier nicht fehlen, ebensowenig ein Pilzsugo und die «Carbonara», die Sauce, die vor allem aus Speck (Pancetta), Eiern und Käse zubereitet wird. Und noch ganz wichtig: der Pesto genovese, bei dem sich Basilikum, Pinienkerne, Knoblauch und Olivenöl zu einem mediterranen Aromareigen vereinen.

Was die Klassiker gemeinsam haben: Mit Ausnahme von frischen Kräutern und gehacktem Fleisch gehören die Zutaten in jeder italienischen Küche zum «eisernen Vorrat».

Seiten 28/29

1 Sugo alla napoletana (Tomatensauce)
2 Salsa al Gorgonzola (Gorgonzolasauce)
3 Sugo carbonara (Sauce mit Eiern, Käse und Speck)
4 Aglio e olio e peperoncino (Sauce aus Olivenöl, Knoblauch und Pfefferschoten
5 Sugo di funghi (Pilzsauce)
6 Sugo bolognese (Sauce bolognese)
7 Pesto alla genovese (Basilikumsauce)

Sugo bolognese

Sauce bolognese

- *20 g getrocknete Pilze*
- *2–3 EL Olivenöl extra vergine*
- *50 g Rohschinken, in feinen Streifen*
- *50 g Pancetta (durchwachsener Bauchspeck), in feinen Streifen*
- *1–2 Knoblauchzehen*
- *1 EL gehackte Petersilie*
- *1 EL gehackter Majoran*
- *1 mittelgroße Zwiebel, fein gehackt*
- *1 mittelgroße Möhre/Karotte, klein gewürfelt (Brunoise)*
- *1 Sproß Stauden-/Stangensellerie, klein gewürfelt (Brunoise)*
- *1 EL Butter*
- *250 g möglichst mageres Rinderfleisch, grob gehackt*
- *100 ml/1 dl guter Rotwein*
- *Meersalz*
- *Pfeffer aus der Mühle*
- *1 Prise Muskatnuß*
- *1/2 EL Mehl*
- *300 g Tomatenmark/-püree*
- *frisch geriebener Parmesan*

Die getrockneten Pilze 20 Minuten in lauwarmem Wasser einweichen. Das Wasser abgießen, die Pilze gut ausdrücken und in Scheiben schneiden.

In einer genügend großen Sauteuse den Rohschinken und die Pancetta bei mittlerer Hitze im Olivenöl anbraten. Die Knoblauchzehen dazugeben und hellbraun werden lassen, dann die Knoblauchzehen entfernen. Nun die Kräuter und das Gemüse dazugeben und für ein paar Minuten anschwitzen. In einer Schüssel beiseite stellen.

In der gleichen Sauteuse das Rinderfleisch in der Butter anbraten, die Pilze dazugeben und mitanschwitzen. Die Schinken-Gemüse-Mischung dazugeben. Mit dem Rotwein ablöschen. Aufkochen und würzen. Sobald der Alkohol verdunstet ist, d. h. nach ein paar Minuten, die Sauteuse vom Feuer nehmen. Das Mehl darüberstäuben und rühren. Nach einigen Minuten das Tomatenmark dazugeben, gut rühren. Die Sauce so lange köcheln lassen, bis sie die richtige Konsistenz hat. In der Praxis köchelt nun der Sugo bolognese mindestens 1 Stunde, häufig aber auch länger. Mehr als insgesamt 1 1/2 Stunden sollten es aber nicht werden.

Die Spaghetti in reichlich Salzwasser in einem großen Topf al dente kochen, in ein Sieb abgießen.

Die Spaghetti in eine vorgewärmte Schüssel geben. Etwa die Hälfte des Sugo dazugeben und gut mischen. Den restlichen Sugo in einer Saucière separat servieren. Falls man es vorzieht, dieses Gericht zum Beispiel als Vorspeise portionsweise zu servieren, werden die Spaghetti direkt zum Sugo gegeben und gut mit der Sauce gemischt. In vorgewärmten Suppentellern anrichten. Käse separat servieren.

Sugo alla napoletana

Tomatensauce

- *1 kg sonnengereifte Fleischtomaten oder*
- *800 g Pelati aus der Dose*
- *1–2 EL Olivenöl extra vergine*
- *1 Zwiebel, fein gehackt*
- *1 Knoblauchzehe*
- *1 Bund Oregano, Blättchen gezupft und gehackt*
- *1 Sträußchen Basilikum*
- *1 Prise Zucker, nach Belieben*
- *Meersalz*
- *Pfeffer aus der Mühle*
- *geriebener Parmesan, nach Belieben*

Die Tomaten kreuzweise einschneiden. In einem Schaumlöffel in kochendes Wasser tauchen, bis sich die Haut zu lösen beginnt. Die Frucht schälen, den Stielansatz herausschneiden, dann die Tomaten vierteln und die Kerne entfernen. Werden Pelati aus der Dose verwendet, den Stielansatz entfernen und die Früchte zerkleinern.

Zwiebeln und Knoblauch im Olivenöl bei mäßiger Hitze anschwitzen, die Knoblauchzehe entfernen. Die Tomaten dazugeben und mitanschwitzen. Kräuter und Zucker zu den Tomaten geben. Sugo aufkochen und bei kleiner Hitze unter gelegentlichem Rühren 15 Minuten köcheln lassen. Mit Salz und Pfeffer würzen. Bei vielen Köchen kommt der Sugo nun zu den Nudeln; andere ziehen es vor, ihn durch ein Passetout/Passiergerät zu drehen, was ihm eine gleichmäßige Konsistenz gibt. Nach diesem Arbeitsgang muß der Sugo nochmals erwärmt werden.

Die Nudeln in eine vorgewärmte Schüssel geben. Den Sugo darübergießen und gut mischen. Die Zugabe von geriebenem Parmesan ist bei Sugo napoletana absolut fakultativ.

Aglio e olio e peperoncino

Sauce aus Olivenöl, Knoblauch und Pfefferschoten

Je nachdem, ob man sich nur für Knoblauch oder Knoblauch und Pfefferschoten entscheidet, steht man hier auf der Kippe zwischen einer südlichen, vor allem Knoblauchliebhabern zusagenden Speise, und einem feurigen, von Pefferschoten dominierten Gericht. Aufgepaßt! Diese verführerischen kleinen Schoten – in der südamerikanischen Küche oft verwendet und Chili genannt – haben es in sich. Sie können nicht nur den Gaumen reizen, sondern auch arg in die Nase steigen. Gemeinsam ist beiden Gerichten: sie sind rasch zubereitet. Also darf hier in jedem Fall das Nudelwasser aufgesetzt werden, bevor man die Sauce zubereitet.

- *4 Knoblauchzehen, fein gehackt*
- *8 EL Olivenöl extra vergine*
- *1 Sträußchen glattblättrige Petersilie, fein gehackt*
- *Meersalz*
- *Pfeffer aus der Mühle*
- *1/2 frische Pfefferschote/Peperoncino, halbiert, entkernt, in feinen Streifen*
- *gehackte Petersilie, für die Garnitur*
- *frisch geriebener Parmesan*

Die Nudeln in reichlich Salzwasser in einem großen Kochtopf al dente kochen, in ein Sieb abgießen.

Den Knoblauch im Olivenöl in einer Sauteuse so lange anschwitzen, bis er hellgelb ist. Die Petersilie dazugeben und kurz mitanschwitzen. Die Nudeln dazugeben und im Olivenöl schwenken. Mit Salz und Pfeffer würzen.

Die Nudeln in einer vorgewärmten Schüssel oder in vorgewärmten Tellern servieren. Mit wenig Petersilie garnieren. Käse separat servieren.

Aglio, olio e peperoncino: Hat man sich für die feurige Variante entschlossen, gibt man die Pfefferschoten in die Sauteuse, so bald der Knoblauch hellgelb ist.

Pfefferschoten: Wenn man die Kerne entfernt, sind die Früchte etwas «milder». Bei frischen Schoten reicht eine halbe Frucht für ein feuriges Gericht. Bei Verwendung getrockneter Früchte zerreibt man diese zwischen den Fingern und gibt sie ebenso dosiert zum Öl.

Sugo di funghi
Pilzsauce

- *5 EL Olivenöl extra vergine*
- *1 Knoblauchzehe, fein gehackt*
- *1 kleine Zwiebel, fein gehackt*
- *400 g gemischte Pilze, je nach Saisonangebot*
- *100 ml/1 dl trockener Weißwein*
- *Meersalz*
- *Pfeffer aus der Mühle*
- *4–5 EL Sahne/Rahm*
- *1/2 Sträußchen Petersilie, fein gehackt*
- *50 g frisch geriebener Parmesan*

Die Pilze mit einem trockenen Tuch reinigen, die Schnittstellen kappen. Die Pilze je nach Größe ganz lassen, halbieren, vierteln oder in Scheiben schneiden.

Die Zwiebeln und Knoblauch im Olivenöl anschwitzen. Die Pilze dazugeben und bei starker Hitze scharf anschwitzen, bis die Flüssigkeit fast vollständig verdunstet ist. Mit dem Weißwein ablöschen, aufkochen und den Alkohol bei starker Hitze einige Minuten verdunsten lassen. Dann die Sauce bei mittlerer Hitze zur Hälfte einkochen lassen. Mit Salz und Pfeffer würzen. Die Sahne löffelweise darunterrühren. Nochmals abschmecken.

Die Nudeln in reichlich Salzwasser in einem großen Kochtopf al dente kochen, in ein Sieb abgießen.

Die Nudeln zusammen mit der Petersilie zur Pilzsauce geben und sorgfältig mischen. In einer vorgewärmten Schüssel oder auf vorgewärmten Tellern servieren. Käse separat servieren.

Pesto alla genovese
Basilikumsauce

- *1 Sträußchen Basilikum, Blätter vom Stiel gezupft und zerkleinert*
- *4 Knoblauchzehen, grob gehackt*
- *1 Handvoll Pinienkerne*
- *1 Prise Meersalz*
- *100 g Pecorino, rezent (stagionato), frisch gerieben*
- *5 EL Olivenöl extra vergine*

Basilikum, Knoblauch, Pinienkerne und Meersalz in einem Mörser zu einer Paste zerstossen. Den geriebenen Käse mit der Paste gut vermengen. Nun auch das Olivenöl tropfenweise darunterrühren, so, als ob man eine Mayonnaise zubereiten würde. Wenn der Pesto zu kompakt ist, 1 bis 2 Eßlöffel Nudelwasser darunterrühren.

Pesto paßt zu allen Nudelarten, auch zu Gnocchi, Tortellini, Ravioli usw. Im Originalrezept wird ausschließlich Basilikum verwendet. Der Basilikum kann aber auch mit wenig Spinat, Petersilie oder Majoran gemischt werden.

Salsa al Gorgonzola

Gorgonzolasauce

Die klassische Käsesauce Norditaliens wird tradtionsgemäß mit Gorgonzola, einem cremigen, dem französischen Roquefort verwandten Edelpilzkäse, zubereitet. In manchen Rezepten wird der Gorgonzola auch mit Fontina oder Sbrinz gemischt.

- *40 g Butter*
- *120–150 g Gorgonzola, in kleinen Stücken*
- *100 g/1 dl Sahne/Rahm*
- *Pfeffer aus der Mühle*

Die Butter in einer Sauteuse zergehen lassen, nach und nach mit einem Holzlöffel oder mit dem Schneebesen die Gorgonzolastückchen darunterrühren und schmelzen lassen. Die Hitze etwas steigern, die Käsesauce jedoch nicht zum Kochen bringen, sondern kurz vor dem Kochpunkt die Sahne langsam unter Rühren dazugeben. Die Sauteuse von der Herdplatte nehmen, und die Sauce mit Pfeffer abschmecken.

Die Nudeln in reichlich Salzwasser in einem großen Kochtopf al dente kochen, in ein Sieb abgießen.

Die Nudeln in einer vorgewärmten Schüssel mit der Gorgonzolasauce vermengen.

Sugo Carbonara

Sauce mit Eiern, Käse und Speck

- *4 Freilandeier oder nur*
- *4 Eigelb von Freilandeiern*
- *je 1 EL Sahne/Rahm und warmes Wasser*
- *2 EL frisch geriebener Parmesan*
- *2 EL frisch geriebener Pecorino*
- *Meersalz*
- *Pfeffer aus der Mühle*
- *3 EL Olivenöl extra vergine*
- *50 g Pancetta (durchwachsener Bauchspeck), in feinen Streifen*

Eier oder Eigelb, Sahne und Wasser in einer Schüssel verquirlen. Den geriebenen Käse darunterrühren. Mit Salz und Pfeffer würzen.

In einer Sauteuse die Pancetta im Olivenöl goldgelb braten.

Die Nudeln in reichlich Salzwasser in einem großen Kochtopf al dente kochen, in ein Sieb abgießen.

Nudeln, Eier-Käse-Mischung und Speck vermengen. Auf vorgewärmten Tellern anrichten und sofort servieren.

Gemüse-

Saucen

Tagliatelle alle verdure

Nudeln an Zucchinisauce

Dania Lucherini, Ristorante La Chiusa, Montefollonico

- *200 g junger Spinat*
- *60 g Butter*
- *Meersalz*
- *Pfeffer aus der Mühle*
- *1 kleine Zwiebel, in dünnen Scheiben*
- *4 kleine, gartenfrische Zucchini, in Scheiben*
- *6 Zucchiniblüten*
- *1 Basilikumsträußchen, fein geschnitten*
- *1 Bund Schnittlauch, fein geschnitten*
- *Schnittlauch für die Garnitur*

Den Spinat blanchieren, d. h. in reichlich Wasser einmal aufkochen, dann in ein Sieb abgießen. Von Hand gut ausdrücken.

Die Zucchiniblüten längs einschneiden, den bitteren Stempel entfernen und die Blüten in Streifen schneiden.

Den Spinat in einer Kasserolle in 20 g Butter dünsten. Mit Salz und Pfeffer würzen. Im Mixer pürieren.

In derselben Kasserolle die restliche Butter zergehen lassen. Die Zwiebelscheiben darin etwa 3 Minuten bei mittlerer Hitze anschwitzen. Dann die Zucchinischeiben und die Zucchiniblüten samt den Kräutern dazugeben, 5 Minuten bei mittlerer Hitze dünsten. Mit Salz und Pfeffer würzen. Wenn nötig, mit wenig heißem Wasser verdünnen. Den pürierten Spinat darunterrühren.

Die Nudeln in reichlich Salzwasser in einem großen Kochtopf al dente kochen, in ein Sieb abgießen.

Die Zucchinisauce nochmals erhitzen. Die Nudeln dazugeben und sorgfältig mischen. Auf vorgewärmten Tellern anrichten und mit den Schnittlauchhalmen garnieren.

Abbildung nebenstehend

Farfalle alla salsa di radicchio rosso

Schmetterlingsnudeln an roter Radicchio-Sauce

Marisa Piccolini, Fattoria Sorbaiano, Montecatini/Val di Cecina

- *50 g Butter*
- *1 Zwiebel, fein gehackt*
- *250 g roter Radicchio/ Cicorino rosso*
- *1/2 Glas guter Rotwein*
- *100 g Gorgonzola, zerbröckelt*
- *100 g/1 dl Sahne/Rahm*
- *Meersalz*
- *Pfeffer aus der Mühle*

Die äußeren Blätter und den Strunk des Radicchio entfernen. Die Köpfchen quer in feine Streifen schneiden.

In einer Sauteuse die Zwiebeln in der Butter bei mittlerer Hitze etwa 10 Minuten anschwitzen. Nun den in feine Streifen geschnittenen Radicchio dazugeben, einen Moment mitdünsten, dann mit dem Rotwein ablöschen. Aufkochen und bei mittlerer Hitze den Alkohol einige Minuten verdunsten lassen. Gorgonzola und Sahne unter ständigem Rühren zur Sauce geben. Mit Salz und Pfeffer würzen. Die Sauce aufkochen und bei kleiner Hitze etwa 5 Minuten köcheln lassen.

Schmetterlingsnudeln in reichlich Salzwasser in einem großen Kochtopf al dente kochen, in ein Sieb abgießen.

Schmetterlingsnudeln zur Sauce geben. Gut mischen und nochmals erhitzen. Anrichten.

Abbildung nebenstehend, oben

Zur Fattoria Sorbaiano, Montecatini/Val di Cecina (Siena) gehört nebst einem Gästehaus auch diese Villa, wo Marisa Piccolini für ihre Familie kocht. Sie sammelte ihre Rezepte während eines ganzen Jahres in einem sehr persönlichen Rezeptbuch, aus dem sie nun ein paar Lieblingsrezepte preisgibt.

Keine Unbekannte in der italienischen Gastroszene: Dania Lucherini Masotti ist es gelungen, der einst einfachen Trattoria des Städtchens Montefollonico das Renommée eines Feinschmeckerlokales zu verleihen. Ihre Küche basiert auf überlieferten toskanischen Rezepten, die sie neu interpretiert und raffiniert verfeinert. In ihrer Freizeit trifft man sie oft beim Durchstreifen der umliegenden Felder und Wiesen, wo sie nach Pflanzen Ausschau hält, die schon ihre Großmutter und ihre Mutter in der Küche verwendeten. Gemüse, das täglich frisch im eigenen Garten geerntet werden kann, und das eigene Olivenöl bilden die Basis ihrer Speisekarte. Das Ristorante Fattoria La Chiusa in Montefollonico gilt als exklusives Lokal; die Preise sind dementsprechend.

Tagliatelle alle fave e asparagi

Nudeln an Sauce von Fave und Spargel

Dania Lucherini, Ristorante La Chiusa, Montefollonico

Fave gehören zu den Auskernbohnen. Diese Bohnensorte ist bei uns kaum bekannt. Die Schoten sind dick und von zartgrüner Farbe, ihr Inneres ist pelzig. Fave werden in Italien im Frühjahr als erste Bohnen geerntet. Die ausgelösten Kerne werden oft noch geschält. Das Schälen erübrigt sich bei Bohnen aus der Dose, die bei uns auch als «Knüllbohnen» bekannt sind.

- *30 grüne Spargel*
- *2 EL Olivenöl extra vergine*
- *2 Knoblauchzehen, fein gehackt*
- *3 Frühlingszwiebeln, fein gehackt*
- *200 g Fave oder 1 kleine Dose Knüllbohnen*
- *200 g Tomaten, geschält und gewürfelt*
- *Meersalz*
- *Pfeffer aus der Mühle*
- *1/2 Bund Basilikum, Blätter fein geschnitten*
- *60 g frisch geriebener Parmesan*

Den Spargel auf ca. 8 cm Länge kürzen (den unteren Teil für eine Suppe verwenden). Spargelspitzen im Dampfeinsatz etwa 5 Minuten garen. Beiseite stellen.

Knoblauch und Frühlingszwiebeln in einer Sauteuse im Olivenöl anschwitzen. 1/3 der Tomaten dazugeben und 2 bis 3 Minuten mitanschwitzen. Die geschälten Bohnenkerne dazugeben und bei kleiner Hitze zugedeckt 10 Minuten köcheln lassen. Bei Dosenbohnen genügen 4 bis 5 Minuten. Die Spargelspitzen und die restlichen Tomatenstückchen zufügen und vorsichtig mischen. Die Sauce würzen.

Die Nudeln in reichlich Salzwasser in einem großen Kochtopf al dente kochen, in ein Sieb abgießen.

Das Basilikum unter die heiße Sauce rühren. Den Parmesan darüberstreuen. Die Nudeln zur Sauce geben, vorsichtig vermengen. In vorgewärmten Suppentellern anrichten.

Abbildung Seite 40, unten

Fusilli con sugo di melanzane

Spiralnudeln an Auberginensauce

Ernesto Paziani, Ristorante Perbacco, Cannara

- *2 mittlere Auberginen*
- *3 EL Olivenöl extra vergine*
- *1 kleine Zwiebel, in feinen Scheiben*
- *3 Knoblauchzehen, fein gehackt*
- *wenig frische rote Pfefferschote/ Peperoncino, fein geschnitten*
- *200 g sonnengereifte Tomaten (auch apulische Tomaten genannt)*
- *20 g Thymianblättchen oder*
- *1 EL getrockneter Thymian*
- *20 g Pinienkerne*
- *Meersalz*
- *Pfeffer aus der Mühle*
- *20 g gut gelagerter Pecorino, gerieben*

Die Auberginen beidseitig kappen, dann in 1 cm große Würfel schneiden.

Die Tomaten kreuzweise einschneiden und in einem Schaumlöffel in kochendes Wasser tauchen, bis sich die Haut zu lösen beginnt. Die Tomaten schälen, das Stielende herausschneiden. Die Früchte zerkleinern und die Kerne entfernen.

In einer mittelgroßen Kasserolle das Olivenöl erhitzen, Auberginen, Zwiebeln, Knoblauch und Pfefferschoten darin anschwitzen. Würzen. Zugedeckt rund 5 Minuten dünsten. Die Tomaten dazugeben, aufkochen und bei kleiner Hitze köcheln lassen, bis die Tomaten zerfallen sind. Thymian und Pinienkerne dazugeben, weitere 5 Minuten köcheln lassen. Abschmecken.

Die Spiralnudeln in reichlich Salzwasser in einem großen Kochtopf al dente kochen, in ein Sieb abgießen.

Die Spiralnudeln zur Auberginensauce geben und sorgfältig damit vermengen. Auf vorgewärmten Tellern oder in einer vorgewärmten Schüssel anrichten und den Pecorino darüberstreuen.

Abbildung nebenstehend

Sugo crudo con peperoni e cipolla bianca

Sauce von Gemüsepaprika und weißen Zwiebeln

Anna Maria Salvi, Casale Marittima

- *3 gelbe Gemüsepaprika/Peperoni, halbiert, entkernt, in feinen Streifen*
- *2 mittelgroße weiße Zwiebeln, in feinen Scheiben*
- *4 Knoblauchzehen*
- *3–4 EL Olivenöl extra vergine*
- *je ein Zweiglein Basilikum und Majoran, Blättchen abgezupft*
- *2 Freilandeier (da die Eier roh verwendet werden, ist auf absolute Frische zu achten)*
- *Salz*
- *Pfeffer aus der Mühle*

Gemüsepaprika, Zwiebeln, Knoblauch und Kräuter in einer Sauteuse im Olivenöl anschwitzen. Mit Salz und Pfeffer würzen. Die Flüssigkeit kurz verdampfen lassen. Die Knoblauchzehen entfernen, die Sauteuse vom Herd ziehen und beiseite stellen.

Die Nudeln, am besten Penne, in reichlich Salzwasser in einem großen Kochtopf al dente kochen, in ein Sieb abgießen. Abkühlen lassen.

Die Eier in einer großen Schüssel mit dem Schneebesen aufschlagen, die Nudeln dazugeben und gut vermengen. Den gedünsteten Gemüsepaprika ebenfalls daruntermischen.

Anna Maria Salvi: Dieser Sugo ist in knapp fünf Minuten servierbereit. Es ist also wichtig, die Nudeln rechtzeitig aufzusetzen und al dente zu kochen.

Abbildung nebenstehend, unten

Vera und Gian Carlo Ferretti-Preti überzeugen mich mit Nachbarin Anna Maria Salvi an einem heißen Sommertag auf der sonnigen Terrasse ihres Hauses von den Vorzügen eines kalten Sugo.

Das kulinarische Interesse des ehemaligen Diplomaten Gian Carlo Ferretti beschränkt sich keineswegs auf die Kochkünste seiner Gattin Vera Preti. In seinem Sommerhaus hat er eine

Sammlung von Kochbüchern zusammengetragen, in der sich auch längst vergriffene Bände aus berühmten italienischen Verlagen finden. Diskussionen um traditionelle Sugo der verschiedenen Regionen gipfeln meist folgerich tig in einem exzellenten, spontan zubereiteten Nudelgericht.

Spaghetti con sugo di pomodori crudi

Spaghetti an roher Tomatensauce

Vera Ferretti-Preti, Casale Marittima

- *1 kg sonnengereifte Fleischtomaten*
- *2 Knoblauchzehen, fein gehackt*
- *reichlich Basilikumblätter, fein geschnitten*
- *4–5 EL Olivenöl extra vergine*
- *1 EL Pinienkerne*
- *100 g geriebener Parmesan*
- *Meersalz*
- *Pfeffer aus der Mühle*
- *Basilikum, für die Garnitur*

Die Tomaten kreuzweise einschneiden und in einem Schaumlöffel in kochendes Wasser tauchen, bis sich die Haut zu lösen beginnnt. Die Tomaten schälen, halbieren, entkernen und den Stielansatz entfernen.

Die Tomaten in kleine Stücke schneiden. Knoblauch, Basilikum, und Olivenöl daruntermischen. Nun die Pinienkerne und den geriebenen Parmesan ebenfalls unter die Tomatensauce rühren. Mit Salz und Pfeffer würzen.

Die Spaghetti in reichlich Salzwasser in einem großen Kochtopf al dente kochen, in ein Sieb abgießen. Etwas abkühlen lassen.

Die Spaghetti mit dem rohen Tomatensugo mischen und mit ein paar Tropfen bestem Olivenöl – in Italien nennt man dies «filo d'olio» – abrunden. Mit Basilikum garnieren. Lauwarm servieren.

Vera Ferretti empfiehlt, den Sugo eine Stunde vor dem Essen zuzubereiten, damit sich das Geschmacksbouquet voll entfalten kann.

Abbildung Seite 46, oben

Sugo alla cipolla bianca

Sauce aus weißen Zwiebeln

Vera Ferretti-Preti, Casale Marittima

- *4–5 EL Olivenöl extra vergine*
- *1 Msp frische rote Pfefferschote/ Peperoncino, klein gehackt*
- *2 große weiße Gemüsezwiebeln, fein gehackt*
- *400 g Tomatenmark/-püree*
- *wenig Gemüsebrühe*
- *Salz und Pfeffer aus der Mühle*
- *wenig Basilikum, fein geschnitten*
- *Basilikum für die Garnitur*

In einer Sauteuse 3 EL Olivenöl erhitzen. Zuerst die Pfefferschoten, dann die feingehackten Zwiebeln im Öl anschwitzen. Zugedeckt auf kleinem Feuer dünsten. Nach 15 bis 20 Minuten das Tomatenmark mit wenig Flüssigkeit unter die Zwiebeln rühren. Mit Salz und Pfeffer würzen. Weitere 20 bis 30 Minuten dünsten – was der

Verdauung der Vitamin-C-reichen und stark allicynhaltigen Zwiebeln sehr förderlich ist. Sugo ab und zu kontrollieren und allenfalls verdampfte Flüssigkeit ersetzen. Ganz am Schluß den feingeschnittenen Basilikum darunterrühren.

Die Nudeln in reichlich Salzwasser in einem großen Kochtopf al dente kochen, in ein Sieb abgießen.

Nudeln zur Sauce geben und gut vermengen. In einer vorgewärmten Schüssel oder auf vorgewärmten Tellern servieren. Mit dem Basilikum garnieren.

Im Winter wird im Hause Ferretti das Tomatenmark manchmal durch ein Glas guten Rotwein ersetzt; die Zubereitung bleibt sich gleich. Die eingekochte Flüssigkeit wird dann lediglich durch so viel beziehungsweise so wenig Rotwein wie nötig ersetzt.

Aus einfachsten Zutaten wird ein köstliches Gericht: die Sauce aus weißen Zwiebeln (Sugo alla cipolla bianca).

Pesto alla rucola

Raukesauce

Mara Dal Buono, La Cornucopia, Pienza

- *2 Sträußchen Rauke/Rucola, grob gehackt*
- *4 Knoblauchzehen, grob gehackt*
- *1 Handvoll Pinienkerne*
- *100 g rezenter Pecorino (stagionato), frisch gerieben*
- *5 EL Olivenöl extra vergine*
- *etwas Meersalz*

Rauke, Knoblauch und Pinienkerne im Mörser zu einer Paste verarbeiten. Den Pecorino dazugeben und alles miteinander vermengen. Nun auch das Olivenöl zufügen, zuerst tropfenweise, so, als ob man eine Mayonnaise zubereiten würde. Wenn die Paste zu kompakt ist, mit 1 bis 2 Eßlöffeln Nudelwasser oder lauwarmem Wasser verdünnen.

Nudeln in reichlich Salzwasser in einem großen Kochtopf al dente kochen, in ein Sieb abgießen. Nudeln mit dem Pesto mischen. Sofort servieren.

Mara Dal Buono hat ein gängiges Rezept wie den traditionellen Pesto durch Variieren einer einzigen Zutat zu einem neuen Gaumenerlebnis gemacht, indem sie anstelle von Basilikumblättern die Blätter der Rauke/Rucola mit ihrem herben, intensiven Aroma verwendet.

Dieser sehr spezielle Pesto ist ideal zu Gnocchi, auf jeden Fall aber zu «Pasta corta», zum Beispiel zu Penne rigate, weil der Pesto sowohl innen wie außen gut haften bleibt. Besucher von Pienza müssen nicht einmal selber zum Kochlöffel greifen: der Pesto alla rucola aus eigener Produktion kann in der Önothek La Cornucopia – an der Hauptstrasse, gleich am Platz nach dem Stadttor, fixfertig gekauft werden.

Seiten 52/53
Landschaft in den sanften Colli senesi südlich von Siena.

Penne al sugo crudo ai capperi

Penne an roher Kapernsauce

Anna Maria Salvi, Casale Marittima

- *2–3 sonnengereifte Tomaten*
- *1 Handvoll Kapern**
- *3–4 Knoblauchzehen*
- *1 Sträußchen Petersilie, grob gehackt*
- *5–6 EL Olivenöl extra vergine*
- *100 g geriebener Parmesan*

Die Tomaten kreuzweise einschneiden und in einem Schaumlöffel in kochendes Wasser tauchen, bis sich die Haut zu lösen beginnt. Die Früchte schälen, den Stielansatz herausschneiden. Die Tomaten vierteln und die Kerne entfernen.

Tomaten, Kapern, Knoblauch, Petersilie und Olivenöl im Cutter oder im Mixer zu einer nicht zu feinen Paste verarbeiten. Den Parmesan darunterrühren. Falls die Sauce zu kompakt ist, etwas mehr Olivenöl dazugeben. Zugedeckt beiseite stellen.

Nudeln: Für dieses Rezept sind Farfalle oder kleine Penne ideal. Nudeln in reichlich Salzwasser in einem großen Kochtopf al dente kochen, in ein Sieb abgießen. Etwas abkühlen lassen.

Kapernsauce mit den lauwarmen Nudeln mischen und lauwarm servieren.

*Kapern: Für dieses Rezept eignen sich auch gesalzene Kapern aus der Dose. Ungeeignet sind jedoch in Essig eingelegte Kapern (sott'aceto).

Abbildung nebenstehend, unten

Pennette rigate con sugo crudo di zucchini

Pennette an Zucchinisauce

Anna Maria Salvi, Casale Marittima

- 6 kleine Zucchini
- *2 mittelgroße weiße Zwiebeln, in feinen Scheiben*
- *2 Knoblauchzehen, fein gehackt*
- *Thymian- oder Oreganoblättchen, fein gehackt*
- *3–4 EL Olivenöl extra vergine*
- *Meersalz*
- *Pfeffer aus der Mühle*
- *2 Freilandeier*
- *150 g Garnelen/Crevetten, nach Belieben*

Die Zucchini in feinste Scheiben schneiden. Ideal für diese Arbeit ist eine Trüffelreibe.

Zucchini, Zwiebeln, Knoblauch und Kräuter in einer Sauteuse im Olivenöl kurz anschwitzen. Mit Salz und Pfeffer würzen. Die Flüssigkeit einen Moment lang – höchstens 1 bis 2 Mi-

nuten – verdampfen lassen. Die Sauteuse vom Herd nehmen und beiseite stellen.

Die Nudeln in reichlich Salzwasser in einem hohen Kochtopf al dente kochen, in ein Sieb abgießen. Etwas abkühlen lassen.

Die Eier in einer großen Schüssel mit dem Schneebesen aufschlagen, die Nudeln dazugeben und gut vermengen. Das Gemüse dazugeben und nochmals sorgfältig mischen.

Anna Maria Salvi: Dieser Sugo ist in knapp fünf Minuten servierbereit. Es ist also wichtig, die Nudeln rechtzeitig aufzusetzen und al dente zu kochen.

Variante: Der Sugo kann mit Garnelen angereichert werden, was ein völlig neues Geschmacksbouquet ergibt. Garnelen ganz am Schluß zum Sugo geben – sie dürfen nicht kochen! Diese sommerlichen Sugo werden im Hause Salvi eher ohne geriebenen Käse serviert.

Eier: Da die Eier roh verwendet werden, ist auf absolute Frische zu achten.

Abbildung Seite 55, oben

Tagliatelle rosa alla salsa di porro

Rosa Bandnudeln an Lauchsauce

Dania Lucherini, Ristorante La Chiusa, Montefollonico

- *60 g Butter*
- *400 g Lauch, in feinen Scheiben*
- *1 kleines Glas heißes Wasser*
- *Meersalz*
- *Pfeffer*
- *30 g frisch geriebener Parmesan*

Den Lauch in der Sauteuse in der Butter anschwitzen. Mit dem heißen Wasser ablöschen. Die Sauce aufkochen und 20 Minuten bei kleiner Hitze sämig einköcheln lassen. Wenn nötig, mit warmem Wasser verdünnen. Mit Salz und Pfeffer würzen.

Die Bandnudeln in reichlich Salzwasser in einem großen Kochtopf al dente kochen, in ein Sieb abgießen. Gut abtropfen lassen.

Die Bandnudeln mit der Lauchsauce vermengen. Den Parmesan daruntermischen. Auf vorgewärmten Tellern anrichten.

Abbildung nebenstehend

Tagliatelle alla salsa di rucola

Nudeln an Raukesauce

Loriana Ciumi, Torrita di Siena

- *60 g Butter*
- *200 g milder Rohschinken vom Typ «San Daniele», fein geschnitten*
- *100 g/1 dl Sahne/Rahm*
- *60 g frisch geriebener Parmesan oder Pecorino*
- *Meersalz*
- *Pfeffer aus der Mühle*
- *100 g Rauke/Rucola, fein geschnitten*

Die Butter in einer Sauteuse zergehen lassen, den Schinken dazugeben und in der Butter wenden und kurz anschwitzen. Die Sahne und den Käse darunterrühren. Mit dem Kochlöffel leicht rühren und die Hitze so regulieren, daß der Topfinhalt leise köchelt und sich zu einer sämigen Sauce bindet. Das sollte alles nicht mehr als 6 bis 8 Minuten dauern. Mit Salz und Pfeffer würzen. Die Sauteuse vom Herd nehmen und zugedeckt warm stellen.

Die Nudeln in reichlich Salzwasser in einem großen Kochtopf al dente kochen, in ein Sieb abgießen.

Die Nudeln zur Sauce geben. Eventuell nochmals kurz erwärmen. In einer vorgewärmten Schüssel oder auf vorgewärmten Tellern anrichten. Die Rauke darüberstreuen.

Abbildung Seite 62, unten

Für «Pasta fresca» (frische Eiernudeln) hat sich im Val di Chiana, das sich südlich des Chianti-Gebietes zwischen dem Lago di Trasimeno und dem Val' d'Orcia ausbreitet, die «Casa di Pasta fresca» in Torrita di Siena einen Namen gemacht.

Während mehr als 20 Jahren führten Adolfo und Loriana Ciumi ein Restaurant und waren für ihre Nudelgerichte weit herum bekannt. Vor einiger Zeit haben sie die ermüdende Gastronomie hinter sich gelassen und verkaufen seither täglich frisch zubereitete «Pasta fresca» vom Feinsten. Außerdem bereitet Loriana Ciumi täglich verschiedene Pastasaucen zu, die sie «über die Gasse» verkauft. Ihre Tips, die helfen sollen, zum Geheimnis eines feinen Pastagerichtes vorzudringen: für cremige Saucen beispielsweise ist immer «burro fusco», also zerlassene Butter, die Basis (Salsa rosa, Seite 56, Trüffelsauce, Seite 107).

Denken, sagt Signora Ciumi, ist auch beim Kochen angesagt. Werden stark gesalzene oder gepfefferte Zutaten verwendet, sei es logisch, wenig Salz oder Pfeffer beim Würzen zu verwenden. Ihr Geheimtip für das Servieren frischer Nudelgerichte: Sie sollen immer auf einer flachen Schüssel angerichtet werden, und zwar soll jede Lage sofort mit etwas zerlassener Butter, mit Olivenöl oder der Sauce beträufelt werden.

Spaghetti al pesto con fiori di zucchini

Spaghetti an Basilikumsauce mit Zucchiniblüten

Ernesto Paziani, Ristorante Perbacco, Cannara

- *1 Handvoll Basilikumblätter, in Streifen*
- *60 ml/0,6 dl (4 EL) Olivenöl extra vergine*
- *2 Knoblauchzehen, fein gehackt*
- *20 g Pinienkerne*
- *20 g frisch geriebener Pecorino*
- *20 g frisch geriebener Parmesan*
- *Meersalz*
- *Pfeffer aus der Mühle*
- *1 kleine Zwiebel, in feinen Scheiben*
- *10 Zucchiniblüten*
- *20 g Butter*

Basilikum, Olivenöl, Knoblauch und Pinienkerne im Mörser zu einer feinen Paste zerstossen. Darauf achten, daß die Sauce nicht zu schäumen beginnt. Parmesan und Pecorino darunterrühren. Mit Salz und Pfeffer abschmecken.

Zucchiniblüten längs einschneiden und den bitteren Stempel entfernen. Etwa sechs Blüten in 1 cm breite Streifen schneiden. Die restlichen Blüten für die Garnitur beiseite stellen. In einer Sauteuse die Zucchiniblütenstreifen bei mittlerer Hitze in der Hälfte der Butter kurz anschwitzen. Mit dem Pesto mischen.

Die Zucchiniblüten für die Garnitur mit den Zwiebelscheiben in der restlichen Butter in derselben Sauteuse bei mittlerer Hitze kurz braten. Mit wenig Salz und Pfeffer würzen.

Die Spaghetti in reichlich Salzwasser in einem großen Kochtopf al dente kochen, in ein Sieb abgießen.

Die Spaghetti mit dem Pesto vermengen. In einer vorgewärmten Schüssel oder in vorgewärmten Tellern anrichten. Mit den Zucchiniblüten garnieren.

Pesto: Die Basilikumsauce kann auch im Cutter oder im Mixer zubereitet werden. Das entspricht zwar nicht der Tradition, dauert aber weniger lang. In diesem Fall können die Blätter ganz gelassen werden. Der Knoblauch muß nur grob zerkleinert werden. Das ganze nicht zu fein pürieren! Den geriebenen Käse ganz am Schluß von Hand unter die Sauce rühren.

Abbildung nebenstehend

Gnocchi alla crema di carciofi

Gnocchi an Artischockenpaste

Loriana Ciumi, Torrita di Siena

- *4 Artischocken*
- *1/2 Zitrone, Saft davon*
- *25 g Butter*
- *3 Knoblauchzehen*
- *100 g/1 dl Sahne/Rahm*
- *3 Zweiglein Petersilie, fein gehackt*
- *50 g Parmesan*
- *Meersalz*
- *Pfeffer aus der Mühle*

Eine genügend große Schüssel zur Hälfte mit Wasser füllen, den Zitronensaft dazugeben.

Den Stiel und die äußeren Blätter bei den Artischocken entfernen, die Blattspitzen kappen. Die geputzten Artischocken fortwährend in das Zitronenwasser legen, damit sie sich nicht verfärben. Die Artischocken vom Stiel zur Spitze halbieren, dann je nach Größe vierteln oder achteln. Das Heu entfernen. Wenn nötig, die Achtel nochmals teilen, bis etwa 3 bis 4 mm feine Streifen entstanden sind.

In einer Kasserolle die Butter zergehen lassen, die Knoblauchzehen hineingeben, die Hitze steigern, bis der Knoblauch etwas Farbe angenommen hat. Die Artischocken aus dem Zitronenwasser nehmen, mit einem Küchentuch trocknen und zum Knoblauch geben, kurz anschwitzen. Mit wenig Wasser ablöschen, wieder aufkochen und ein paar Minuten dünsten, dann Sahne, Petersilie und Parmesan dazugeben, vermengen und weitere 20 Minuten auf kleinem Feuer köcheln lassen. Von Zeit zu Zeit die Flüssigkeit kontrollieren, wenn nötig löffelweise kochendes Wasser dazugeben.

Das Artischockengemüse im Mixer oder im Cutter zu einer Sauce pürieren. Mit Salz und Pfeffer abschmecken. Die so zubereitete Paste kann als Füllung für hausgemachte Ravioli verwendet werden; mit etwas lauwarmer Flüssigkeit vom Nudelsud verdünnt, wird sie zu einer feinen, frühlingshaften Pastasauce.

Die Gnocchi in reichlich Salzwasser in einem großen Topf al dente kochen, in ein Sieb abgießen, dabei wenig Wasser für die Sauce aufbewahren.

Die Artischockensauce aufkochen. Mit wenig Nudelwasser verdünnen. Die Gnocchi dazugeben und in der Sauce erhitzen.

Artischocken: Für diese Sauce sind die kleinen italienischen Sorten ideal, die im Frühling auch bei uns auf dem Markt sind. Selbstverständlich können auch die bei uns bekannteren größeren Artischocken verwendet werden. Die Kochzeit dauert dann etwas länger.

Abbildung nebenstehend, oben

Fisch-

Saucen

Tagliatelle verdi con sugo al tonno

Grüne Nudeln an Thonsauce

Anna Maria Salvi, Casale Marittima

- *250 g Thon aus der Dose*
- *3 EL Olivenöl extra vergine*
- *2 Knoblauchzehen*
- *1 Handvoll Pinienkerne*
- *100 ml/1 dl trockener Weißwein*
- *200 g Tomaten, geschält, entkernt, in kleinen Stücken, oder*
- *Pelati aus der Dose*
- *Meersalz*
- *Pfeffer aus der Mühle*
- *einige Basilikumblättchen*

Das Dosenöl weggießen und den Fisch in einer Schüssel mit der Gabel zerpflücken.

In einer Sauteuse die geschälten Knoblauchzehen im Olivenöl anschwitzen, bis sie hellbraun sind. Die Knoblauchzehen entfernen, die Pinienkerne hinzufügen und kurz bei kleiner Hitze bräunen. Den Thon mit den Pinienkernen vermengen. Die Hitze wieder erhöhen, mit dem Weißwein ablöschen. Den Alkohol einige Minuten verdunsten lassen, dann die Tomaten beifügen und alles gut mischen. Mit Salz und Pfeffer würzen, weitere 2 bis 3 Minuten köcheln lassen.

Nudeln in reichlich Salzwasser in einem großen Kochtopf al dente kochen, in ein Sieb abgießen.

Die Nudeln in eine vorgewärmte Schüssel geben, den Sugo darübergießen und vermengen. Das Basilikum daruntermischen. Die Nudeln mit ein paar Tropfen Olivenöl abschmecken.

Anna Maria Salvi: «Dies ist ein idealer Sugo für warme Sommertage. Am besten schmeckt die Sauce mit nicht zu breiten Bandnudeln.»

Abbildung nebentehend, unten

Spaghettini al sugo di cipolle con acciughe

Feine Spaghetti an Sauce von Sardellenfilets und weißen Zwiebeln

Ernesto Paziani, Ristorante Perbacco, Cannara/Umbrien

- *2 ziemlich große weiße Zwiebeln, in feinen Scheiben*
- *4 EL Olivenöl extra vergine*
- *1 kleine Dose Sardellenfilets*
- *Meersalz*
- *Pfeffer aus der Mühle*

Rund um Perugia und Assisi, die durch den Heiligen Franziskus zum berühmten Wallfahrtsort wurden, blühen auch kleine Orte auf. In Cannara, einer umbrischen Kleinstadt etwa 20 km von Perugia entfernt, kocht Ernesto Paziani mit seinem Team überlieferte umbrische Spezialitäten und eigene Rezeptkreationen. (Ristorante Perbacco, Cannara/ Umbrien).

In einer Sauteuse 2 EL Olivenöl erhitzen, die Zwiebeln dazugeben, rühren, mit wenig Wasser ablöschen und bei kleiner Hitze etwa 30 Minuten köcheln lassen. Von Zeit zu Zeit umrühren und die verdampfte Flüssigkeit durch löffelweises Zufügen von warmem Wasser ersetzen. Erst jetzt salzen.

Die Sardellenfilets waschen, mit Küchenpapier trockentupfen und halbieren.

In einem zweiten Kochgeschirr die restlichen 2 EL Olivenöl erhitzen, die Sardellenfilets hineingeben, ganz kurz dünsten und zu den Zwiebeln geben.

Die Spaghetti in reichlich Salzwasser in einem großen Kochtopf al dente kochen, in ein Sieb abgießen.

Die Spaghetti zur Zwiebelsauce geben, gut vermengen. Mit Salz und Pfeffer aus der Mühle abschmecken.

Sardellenfilets: Die Sauce sollte zunächst nur sparsam gesalzen werden, da Sardellenfilets oft schon sehr salzig sind. Aus diesem Grund werden sie vor der Zubereitung auch gewaschen und mit Küchenpapier trockengetupft.

Abbildung Seite 67, oben

Rigatoni al sugo di frutti di mare

Rigatoni mit Sauce aus Meeresfrüchten

Loriana Ciumi, Torrita di Siena

- *4 EL Olivenöl extra vergine*
- *2 Knoblauchzehen*
- *1/2 Sträußchen Petersilie, gehackt*
- *1 Msp getrocknete Pfefferschoten/ Peperoncino, zerkrümelt, oder*
- *einige hauchdünne Scheiben frische Pfefferschoten/Peperoncino*
- *ca. 300 g Meeresfrüchte, z. B. feine Scheiben von Tintenfisch, fein geschnittene Totani und Moscardini, je nach Marktangebot*
- *1–2 Glas trockener Weißwein*
- *wenig Tomatensauce (Seite 32)*
- *einige Venus- und/oder Miesmuscheln, Garnelen/Crevetten, wenig Krabben- oder Krebsfleisch, frisch oder aus der Dose*
- *Venus- und Miesmuscheln, für die Garnitur (Seite 76)*
- *Meersalz*
- *Pfeffer aus der Mühle*

In einer großen Sauteuse das Olivenöl mit den Knoblauchzehen, der Petersilie und den Pfefferschoten erhitzen und 2 bis 3 Minuten unter Rühren anschwitzen. Die Knoblauchzehen entfernen, sobald sie von hellgelber Farbe sind. Die Meeresfrüchte dazugeben und bei starker Hitze anschwitzen. Mit dem Weißwein ablöschen, aufkochen und den Alkohol auf mittlerem Feuer einige Minuten verdunsten lassen, dann den Sugo auf kleinem Feuer unter zeitweiligem Rühren 30 Minuten köcheln lassen. Nun die Tomatensauce dazugeben, dann Muscheln, Garnelen und Krabbenfleisch. Das Ganze aufkochen und nochmals etwa 10 Minuten bei kleiner Hitze köcheln lassen. Abschmecken.

Die Rigatoni in reichlich Salzwasser in einem großen Kochtopf al dente kochen, in ein Sieb abgießen.

Die Rigatoni zum Sugo geben, einige Male darin schwenken. Bei großer Menge ist es von Vorteil, die Rigatoni in einer vorgewärmten Schüssel mit 3/4 des Sugo zu vermengen, den Rest darüberzugießen und nicht mehr zu rühren. Kleinere Portionen in vorgewärmten Suppentellern anrichten. Mit Venus- oder Miesmuscheln garnieren.

Loriana Ciumi: «Dieser Sugo ist eine meiner Spezialitäten. Ich bereite ihn am Wochenende täglich frisch zu und verkaufe ihn meinen Kunden über die Gasse. Die Tomatensauce ist fakultativ. Viele mögen den Sugo ohne Tomatensauce, andere bevorzugen die kräftig gefärbte Sauce. Man sollte beides ausprobieren.»

Abbildung nebenstehend; unten nur Sauce

Das Ristorante Betulia in Bettolle ist eine typische italienische Trattoria. Hier stehen «Primi piatti», warme Vorspeisen, ganz im Zeichen der Pasta. Nicola Masiello, Inhaber des Lokals und

gleichzeitig Küchenchef, ist ein engagierter Berufsmann. Bevor er sein eigenes Restaurant eröffnete, wirkte er in verschiedenen renommierten Gaststätten der Region und gibt heute sein Wissen auch als «Maître sommelier» an Berufsschulen weiter.

Nicola Masiello versucht, die traditionellen toskanischen Rezepte zu hinterfragen und sie in leichterer, aber trotzdem unverwechselbarer Form zuzubereiten. «Rispetto la tradizione con un gusto moderno» (ich respektiere die Tradition und versuche sie nach heutigen Erkenntnissen zu interpretieren). Ein Credo, mit dem er – die täglich vollbesetzten Tische bezeugen es – unter Leuten, die auf gestylte Designer-Ausstattung keinen Wert legen, ganz offensichtlich zu einem regionalen Geheimtip geworden ist.

Sugo al pesce spada e melanzane

Schwertfischsauce mit Auberginen

Nicola Masiello, Ristorante Betulia, Bettolle

- *4 EL Olivenöl extra vergine*
- *1 Knoblauchzehe*
- *1 mittlere Aubergine, gewürfelt*
- *200 g frischer Schwertfisch, gewürfelt*
- *200 g sonnengereifte Tomaten, geschält, entkernt und gewürfelt*
- *Meersalz*
- *Pfeffer aus der Mühle*
- *frische Basilikum- oder Pfefferminzblättchen*

In einer Sauteuse bei schwacher Hitze das Olivenöl mit der Knoblauchzehe erhitzen. Die Auberginen beifügen und bei mäßiger Hitze anschwitzen. Salzen. Das Gemüse weichdünsten. Die Fischwürfel zum Gemüse geben. Nochmals salzen. Die Hitze wieder erhöhen und die gewürfelten Tomaten ebenfalls unterrühren. Nochmals aufkochen und bei kleiner Hitze köcheln lassen, bis die Tomaten knapp gar sind. Die ganze Garzeit sollte knapp 10 Minuten dauern.

Die Nudeln in reichlich Salzwasser in einem großen Kochtopf al dente kochen, in ein Sieb abgießen.

Die Nudeln in einer vorgewärmten Schüssel mit dem Sugo vermengen, oder die Nudeln auf Tellern anrichten und den Sugo darauf verteilen. Mit Basilikum- oder Pfefferminzblättchen garnieren. Sofort servieren.

Tagliatelle al salmone

Eiernudeln an Lachssauce

Rosanna Della Valle, Modena

Nachdem Lachs und Salm auch in Italien seit geraumer Zeit in der Gastronomie für feine Nudelgerichte verwendet werden, hält der «Edelfisch» nun auch im Privathaushalt Einzug. Der Lachs lebt in den nördlichen Meeren; Salm wird er genannt, wenn er in der Laichzeit flußaufwärts zieht, um im Quellgebiet zu laichen. Ist frischer Lachs nicht erhältlich, kann man auch Räucherlachs oder Filets von Bachforellen verwenden.

- *30 g Butter*
- *1 TL Knoblauch, wenig zerkleinert*
- *1 TL frische grüne Pfefferschoten/ Peperoncini, gehackt*
- *2 EL Olivenöl extra vergine*
- *300 g Lachs oder Räucherlachs oder Forelle, in kleinen Stücken*
- *1 EL Zitronensaft*
- *glattblättrige Petersilie*
- *Meersalz*
- *Pfeffer aus der Mühle*
- *Sahne/Rahm, nach Belieben*
- *Petersilie für die Garnitur*

Die Butter in einer großen Sauteuse erhitzen, den Knoblauch und die Pfefferschoten dazugeben und anschwitzen. Den Knoblauch entfernen. 2 EL Olivenöl in die Sauteuse geben. Die Hitze erhöhen, den Fisch dazugeben und rasch auf mittlerem Feuer erhitzen. Den Zitronensaft und die feingehackte Petersilie dazugeben und alles gut vermengen.

Die Nudeln in reichlich Salzwasser in einem großen Topf al dente kochen, in ein Sieb abgießen.

Die Nudeln zur Lachssauce geben und sorgfältig darin schwenken. Mit Salz und Pfeffer abschmecken. Nach Belieben mit wenig Sahne verfeinern. Nochmals kurz erhitzen (nicht kochen) und sofort auf vorgewärmten Tellern anrichten. Mit etwas feingehackter Petersilie bestreuen. Käse wird in der Regel zu diesem Gericht nicht serviert.

Abbildung nebenstehend

Spaghetti alle vongole

Spaghetti mit Muscheln

Luciano Zazzeri, Ristorante La Pineta, Marina di Bibbona

- *10–12 Venusmuscheln (pro Person)*
- *4–5 EL Olivenöl extra vergine*
- *3 Knoblauchzehen, fein gehackt*
- *2 Msp feingehackte frische rote Pfefferschoten/Peperoncino*
- *1/2 Sträußchen Petersilie, fein gehackt*

Das Geheimnis für das Gelingen dieses Gerichtes, das in Variationen überall am Mittelmeer zubereitet wird, liegt, so Luciano Zazzeri, «in der Arbeit mit der Sauteuse und vor allem im richtigen Timing». Die Nudeln, bei Zazzeris Spaghetti Nr. 7, kommen im selben Moment wie die Muscheln – selbstverständlich in getrennten Kochtöpfen – ins kochende Wasser. Dann sollte zeitlich alles stimmen, um einesteils die gegarten Venusmuscheln mit dem gehackten Knoblauch und den scharfen Pfefferschoten im Öl zum Sugo zu vermählen und anderenteils die Spaghetti dampfendheiß mit der Muschelsauce zu mischen.

Die Venusmuscheln unter fließendem Wasser gründlich waschen. Zerbrochene Muscheln oder solche, deren Schalen bereits geöffnet sind, wegwerfen, da sie verdorben sind. Die gewaschenen Muscheln in einem Sieb abtropfen lassen.

In einem großen Topf reichlich Wasser erhitzen und dieses salzen. Die Muscheln hineingeben und so lange auf mittlerem Feuer garen, bis sich die Schalen geöffnet haben. Das dauert ungefähr 10 Minuten. Den Kochtopf einige Male kräftig bewegen, damit die Muscheln gleichmäßig gegart werden. Die Muscheln in ein Sieb abgießen und abtropfen lassen. Geschlossene Muscheln entfernen.

Die Spaghetti in reichlich Salzwasser in einem großen Kochtopf al dente kochen, in ein Sieb abgießen.

In einer Sauteuse das Olivenöl mit dem gehackten Knoblauch und den gehackten Pfefferschoten erhitzen, die Venusmuscheln dazugeben und mehrmals kräftig schütteln. Erst jetzt die Spaghetti dazugeben und alles mit einer Holzgabel vermengen. In vorgewärmten Suppentellern anrichten. Reichlich Petersilie darüberstreuen und sofort servieren.

Abbildung nebenstehend

Im Ristorante «La Pineta» in Marina di Bibbona, hinter einem Pinienhain verborgen, bereitet das Team der Familie Zazzeri seit Generationen ein Muschelgericht zu, das Gäste aus der näheren und weiteren Umgebung anlockt. Luciano Zazzeris größtes Anlie-

gen ist, alles für den guten Ruf seines Restaurants zu tun. Daß er für die Frische seiner Fischgerichte und Meeresfrüchte garantieren kann, ist kein Wunder, holt er sie sich doch jeden Morgen bei seinem Freund, dem Fischer, direkt vom Boot.

Tagliatelle nere al sugo di seppie alla romana

Schwarze Nudeln an Tintenfischsauce

Rosanna Della Valle, Modena

- *1,2 kg Tintenfische (Sepia)*
- *6 Sardellenfilets aus der Dose*
- *100 ml/1 dl Olivenöl extra vergine*
- *2 Knoblauchzehen*
- *1 Glas trockener Weißwein*
- *Meersalz*
- *Pfeffer aus der Mühle*
- *1 EL feingehackte Petersilie*
- *Zitrone*

Die Tintenfische waschen, häuten und den Beutel, welcher die schwarze «Tinte» und den Knorpel enthält, entfernen. Samt den Tentakeln in feine Ringe schneiden und nochmals gründlich waschen. Mit dem Küchenpapier trockentupfen.

Die Sardellenfilets waschen und mit Küchenpapier trockentupfen. Mit der Gabel in einem Teller fein zerstoßen.

Die Knoblauchzehen im Olivenöl in einer Sauteuse bei starker Hitze anschwitzen. Das Tintenfischfleisch dazugeben und einige Minuten anschwitzen. Mit Salz und Pfeffer würzen. Mit dem Weißwein ablöschen. Die Sardellenpaste zur Sauce geben. Den Wein zu $^4/_5$ einköcheln lassen, die Hitze reduzieren und so viel warmes Wasser zufügen, daß die Fische fast zugedeckt sind. Aufkochen und einige Minuten köcheln lassen. Die Knoblauchzehen entfernen. Die Sauce abschmecken. Die Petersilie darunterrühren.

Die schwarzen Nudeln in reichlich Salzwasser in einem großen Kochtopf al dente kochen, in ein Sieb abgießen.

Die Nudeln mit der Sauce mischen. Sofort in einer vorgewärmten Schüssel oder auf vorgewärmten Tellern anrichten. Mit Zitronenspalten garnieren.

Tip: Diesem Nudelgericht können auch zarte Gartenerbsen oder kleine Artischockenblättchen zugefügt werden.

Abbildung nebenstehend

Fleisch-

Saucen

Rigatoni al ragù di agnello

Rigatoni an Lammfleischsauce

Rosanna Della Valle, Modena

- 20 g Butter
- *2 EL Olivenöl extra vergine*
- *300 g Lammfleisch, in 5 mm großen Würfeln*
- *1 Zwiebel, fein gehackt*
- *1 Möhre/Karotte, klein gewürfelt (Brunoise)*
- *1 Sproß Stauden-/Stangensellerie, ohne Blätter, klein gewürfelt (Brunoise)*
- *2 Knoblauchzehen, gehackt*
- *1 Prise Zimtpulver*
- *100 ml/1 dl trockener Weißwein*
- *500 g Tomaten, geschält, entkernt und zerkleinert, oder*
- *1 Dose Pelati (400 g) samt Saft*
- *1 Zweiglein Rosmarin, Nadeln abgestreift und fein gehackt*
- *1 Sträußchen Petersilie, fein gehackt*
- *Meersalz*
- *Pfeffer aus der Mühle*
- *60 g frisch geriebener Parmesan*
- *reichlich gehackte Petersilie für die Garnitur*

In einer großen Sauteuse Butter und Olivenöl erhitzen. Das Lammfleisch dazugeben und anbraten. Zwiebeln, Möhren, Staudensellerie, Knoblauch und Zimt zum Fleisch geben und anschwitzen. Mit dem Weißwein ablöschen, den Alkohol bei mittlerer Hitze 2 bis 3 Minuten verdunsten lassen. Tomaten oder Pelati samt Saft zusammen mit dem Rosmarin und der Petersilie zum Fleisch geben, aufkochen und bei kleiner Hitze zugedeckt mindestens 1 Stunde schmoren lassen. Gelegentlich rühren. Abschmecken mit Salz und Pfeffer.

Die Rigatoni in reichlich Salzwasser in einem großen Kochtopf al dente kochen, in ein Sieb abgießen.

Die Rigatoni zur Sauce geben und gut vermengen. Nochmals erhitzen und in einer vorgewärmten Schüssel oder auf Tellern servieren. Mit reichlich gehackter Petersilie bestreuen. Parmesan separat servieren.

Abbildung nebenstehend

Auf den weitläufigen Weiden der Toskana trifft man vorwiegend Schaf oder Ziegenherden, denen das karge Futter der Magerwiesen genügt. Im Sommer suchen auch die «Vissani»-Schafe, eine Rasse aus dem heißen Sizilien, einen kühlen Schattenplatz, wie hier unter einem Baum.

Penne norcine

Penne nach der Art von Norcia

Marlies Burget, Perugia

- *300 g rohe Salsiccia (pikant gewürzte umbrische Schweinswürstchen)*
- *30 g Butter*
- *400 g Tomaten, geschält, entkernt und gewürfelt, oder*
- *1 Dose Pelati (400 g) samt Saft*
- *1 Msp feingehackte frische rote Pfefferschoten/Peperoncini*
- *100 g/1 dl Sahne/Rahm*
- *reichlich glattblättrige Petersilie, fein gehackt*
- *50 g frisch geriebener Pecorino*
- *Meersalz*
- *Pfeffer aus der Mühle*

Die rohen Schweinswürstchen häuten und das Brät mit einer Gabel zerdrücken.

In einer großen Sauteuse die Butter erhitzen, das Brät darin hellbraun anbraten. Die Tomaten zum Fleisch geben, aufkochen und bei mittlerer Hitze 10 Minuten köcheln lassen. Nun die Pfefferschoten, die Sahne und die Petersilie darunterrühren, aufkochen und das Ganze zu einer sämigen Sauce einköcheln lassen.

Die Penne in reichlich Salzwasser in einem großen Kochtopf al dente kochen, in ein Sieb abgießen.

Die Penne zum Sugo geben und gut vermengen. Den Pecorino darunterrühren. Nach Belieben abschmecken. Nochmals erwärmen und in einer vorgewärmten Schüssel oder auf vorgewärmten Tellern servieren.

Abbildung Seite 82, oben

Roberta Bougleux Giani kocht seit Jahren in der Küche des familieneigenen Hauses Gerichte,

die sogar Gäste von den Badeorten um Cecina ins malerische Dorf auf dem Hügel am Rand der Maremma locken. Auch ihre Wildschweinsauce ist ein Tip von Gian Carlo Ferretti! (Ristorante und Albergo Le Volte, Casale Marittima/Cecina)

Sugo al cinghiale

Wildschweinsauce

Roberta Bougleux Giani, Ristorante Le Volte, Casale Marittima

- *500 g Wildschweinefleisch vom Lendenstück/Filet, in dicken Scheiben*
- *2 Sproß Stauden-/Stangensellerie, klein gewürfelt (Brunoise)*
- *3 mittelgroße Möhren/Karotten, klein gewürfelt (Brunoise)*
- *1 Zweiglein Rosmarin, Nadeln abgestreift*
- *einige Thymianblättchen*
- *2 Knoblauchzehen, fein gehackt*
- *wenig frische rote Pfefferschote/ Peperoncino, klein gewürfelt*
- *100 ml/1dl Olivenöl extra vergine*
- *Meersalz*
- *Pfeffer aus der Mühle*
- *400 ml/4 dl guter Rotwein*

Für die Marinade Gemüse, Kräuter, Knoblauch, Pfefferschoten und 3 EL Olivenöl verrühren. Mit Salz und Pfeffer würzen.

Fleischscheiben nebeneinander in eine Schüssel legen. Mit der Marinade einpinseln. Das Fleisch 30 Minuten an einem kühlen Ort stehen lassen. So verbinden sich die Aromen der verschiedenen Zutaten aufs Schönste.

In einer großen Sauteuse 3 bis 4 EL Olivenöl erhitzen, die Fleischscheiben samt Gemüse bei mittlerer Hitze beidseitig anbraten. Mit dem Rotwein ablöschen, aufkochen und die Sauce bei mittlerer Hitze 30 Minuten kochen lassen. Nun die Sauce bei kleinster Hitze unter gelegentlichem Rühren 75 Minuten köcheln lassen. Etwas abkühlen lassen, dann im Cutter oder im Mixer zerkleinern. Diese Wildschweinsauce soll die Konsistenz und das Aussehen eines Sugo aus gehacktem Fleisch haben, nicht die eines Ragout.

Die Nudeln in reichlich Salzwasser in einem großen Kochtopf al dente kochen, in ein Sieb abgießen.

Das Wildschweinsugo aufkochen, die Nudeln dazugeben und in der Sauce erhitzen. Abschmecken.

Pappardelle alla lepre

Breite Bandnudeln an Hasenfleischsauce

Loriana Ciumi, Torrita di Siena

- *1 l Wasser*
- *200 ml/2 dl trockener Weißwein*
- *2 EL Weißweinessig*
- *Pfeffer aus der Mühle*
- *1 kg Hasenfleisch, gewürfelt*
- *3 EL Olivenöl extra vergine*
- *300 g gehacktes Kalbfleisch*
- *1 mittelgroße Zwiebel, fein gehackt*
- *2 Knoblauchzehen, fein gehackt*
- *1/2 Sträußchen Petersilie, fein gehackt*
- *1 Möhre/Karotte, klein gewürfelt (Brunoise)*
- *1 Sproß Stauden-/Stangensellerie, klein gewürfelt (Brunoise)*
- *1 Rosmarinzweiglein*
- *100 ml/1 dl trockener Weißwein*
- *etwas heiße Fleischbrühe*
- *3 TL Tomatenmark/-püree*
- *Meersalz*
- *Pfeffer aus der Mühle*

Für die Marinade Wasser, Weißwein und Essig in einer Schüssel verrühren. Mit Pfeffer würzen. Das Fleisch in die Marinade legen und mindestens 12 Stunden marinieren. Die Fleischstücke aus der Marinade nehmen und mit Küchenpapier trockentupfen. Das Ganze durch den Fleischwolf drehen oder mit einem scharfen Messer in kleinste Stücke schneiden.

Das Olivenöl in einer großen Kasserolle erhitzen, das Hasen- und Kalbfleisch darin anbraten. Zwiebeln, Knoblauch, Petersilie, Möhren, Sellerie und Rosmarinzweig dazugeben und anschwitzen. Mit dem Weißwein ablöschen. Bei kleiner Hitze zugedeckt rund 1 Stunde schmoren lassen. Gelegentlich rühren. Die Hitze so regulieren, daß das Fleisch nicht anbrennen kann. Fehlende (verdampfte) Flüssigkeit löffelweise durch heiße Fleischbrühe ersetzen. Den Rosmarinzweig entfernen, das Tomatenkonzentrat darunterrühren. Weitere 20 Minuten leise köcheln lassen. Abschmecken.

Die Nudeln in reichlich Salzwasser in einem großen Kochtopf al dente kochen, in ein Sieb abgießen.

Die Nudeln in einer großen, vorgewärmten Schüssel mit einem Teil der Sauce gut vermengen. Die restliche Sauce separat servieren.

Variante: Außerhalb der Wildsaison läßt sich diese Sauce auch mit Kaninchenragout zubereiten.

Abbildung nebenstehend

«La disperata» alla Loriana Ciumi

Nudeln nach Loriana Ciumis Art

Die «Disperata», wie sie von Loriana Ciumi in Torrita di Siena zubereitet wird und wie sie Nicola Masiello in seinem Restaurant in Bettolle, der benachbarten Kleinstadt kocht, ist ein eindrückliches Beispiel dafür, wie verschieden ein Rezept mit gleichem Namen zubereitet werden kann. Und belegt natürlich, daß für individuelle Interpretation reichlich Platz ist!

- *40 g Butter*
- *250 g magere Pancetta, gehackt*
- *4 Knoblauchzehen, sehr fein gehackt*
- *2 Zweiglein Oregano, Blättchen abgezupft*
- *1 EL Tomatenkonzentrat/-püree*
- *4 mittelgroße Tomaten, geschält, entkernt, gewürfelt, oder*
- *150 g Pelati (aus der Dose), samt Saft*
- *1 Freilandei*
- *75 g frisch geriebener Parmesan*
- *200 g/2 dl Sahne/Rahm*

In einer Sauteuse die Butter erhitzen, Knoblauch, Pancetta und Oregano dazugeben und bei starker Hitze kräftig anschwitzen. Nun die Tomaten dazugeben, aufkochen und unter gelegentlichem Rühren rund 10 Minuten köcheln lassen.

In einer nicht zu kleinen Schüssel das Ei aufschlagen, den Parmesan und die Sahne dazugeben und verquirlen.

Penne in reichlich Salzwasser in einem großen Kochtopf al dente kochen, in ein Sieb abgießen.

Den heißen Sugo unter Rühren mit dem Schneebesen zur Sahne-Ei-Mischung geben. Die Penne dazugeben und gut mischen. In einer vorgewärmten Schüssel oder auf vorgewärmten Tellern anrichten.

Loriana Ciumi empfiehlt für ihre «Disperata» Penne, Spaghetti oder Pici, das sind handgemachte Spaghetti, eine Spezialität des Val di Chiana.

Fettuccini disperate

Nudeln an scharfer Sauce alla Betulia

Nicola Masiello, Ristorante Betulia, Bettolle

- *4 EL Olivenöl extra vergine*
- *1 Knoblauchzehe*
- *1–2 Msp gehackte frische rote Pfefferschote/Peperoncino*
- *200 g Champignons, in Scheiben*
- *ca. 50 ml/0,5 dl Gemüsebrühe*
- *150 g Rohschinken, in Streifen*
- *100 g Tomatenmark/-püree*
- *50 g /0,5 dl Sahne/Rahm*
- *Meersalz*
- *Pfeffer aus der Mühle*

In einer Sauteuse das Olivenöl zusammen mit der Knoblauchzehe und den Pfefferschoten erhitzen. Die Pilze dazugeben und scharf anschwitzen. Mit wenig Gemüsebrühe ablöschen. Kurz einköcheln lassen. Den Rohschinken und das Tomatenmark dazugeben und mit den Pilzen vermengen. Mit Salz und Pfeffer würzen. Die Sahne dazugeben, nochmals erhitzen. Abschmecken.

Die Nudeln in reichlich Salzwasser in einem großen Kochtopf al dente kochen, in ein Sieb abgießen.

Die Nudeln in eine vorgewärmte Schüssel geben. Die Sauce eventuell nochmals erhitzen – sie soll nicht kochen! – und sofort mit den Nudeln vermengen.

Variationen eines Fleischsugo

Auf dem Podere Reniella in Montefollonico scheint die Zeit manchmal stillzustehen. Die drei Brüder Tronbetti wohnen mit ihren Ehefrauen im gemeinsamen Haushalt wie ehedem; man bearbeitet einige Hektaren Land mit 350 Olivenbäumen und ist weitgehend Selbstversorger. Für die Küche ist vor allem Maria zuständig. Sie bestätigt, daß sie den Sugo di carne stets nach toskanischer Art koche, nämlich nur mit gehacktem Fleisch, Zwiebeln, Knoblauch, Tomaten und viel Petersilie frisch aus dem Garten. Wenn man das toskanische und das bolognesische Rezept vergleicht, fällt auf, daß der Sugo bolognese nebst gehacktem Fleisch auch Fleischstücke enthält. Im Val di Chiana, südlich von Arezzo, heißt der Sugo «alla Chianina» und wird mit reichlich Salbei und Rosmarin angereichert und mit jungem rotem Wein abgelöscht. Nicht so in Arezzo selbst, wo der Sugo ohne Kräuter zubereitet wird.

Abbildung Seiten 92/93

Einmal im Jahr erstrahlt das mittelalterliche Städtchen Bevagna in der Nähe von Perugia (Umbrien) in seinem alten Glanz. Der «Mercato delle Gaite», ein Wettstreit zwischen den vier Quartieren, dauert eine ganze Woche. Sie wollen Ambiance

und Handwerkskunst von einst möglichst originalgetreu wiedergeben. Die Vorbereitungen laufen während des ganzen Jahres, und jede Bürgerin, jeder Bürger trägt aktiv zum guten Gelingen des Mercato bei. Ende Juni ist es dann soweit: die Straßen verwandeln sich in mittelalterliche Werkstätten, und die ganze Stadt wird

zum Marktplatz. Handwerksberufe wie anno dazumal werden demonstriert, und abends ertönt mittelalterliche Musik in den Gassen. Auch kulinarisch macht Bevagna für ein paar Tage einen Salto ins Mittelalter. Während Tagen werden die Speisen von den Hausfrauen der Stadt vor- und zubereitet. Im Erdgeschoß von Privathäusern werden Gemeinschaftsküchen eingerichtet, und gekocht wird – wie könnte es anders sein – ebenfalls im Wettstreit zwischen den «Gaite». Auch die Gaststuben ziehen in diese Räumlichkeiten, und natürlich brennt nur Kerzenlicht. Für den Kochwettbewerb werden überlieferte Gerichte zubereitet, die teils noch etruskischer und römischer Kochtradition entstammen. Der Maestro des Kochteams, der «Gaita di San Giorgio», hat uns einen Blick in die Kochtöpfe erlaubt ... und uns seine Rezepte preisgegeben. Beide sind – umbrischer Tradition entsprechend – ländlich-einfach, das nebenstehende sogar sehr rustikal!

Tagliatelle al sugo di fegato d'oca

Nudeln an Gänselebersauce

Pier Paolo Maestrini, Mercato delle Gaite, Bevagna

- *200 ml/2 dl Olivenöl extra vergine*
- *1 Zwiebel, fein gehackt*
- *2 Sproß Stauden-/Stangensellerie, in kleinen Stücken*
- *3 Möhren/Karotten, klein gewürfelt*
- *je 1 Zweiglein Oregano, Majoran und Basilikum, Blätter abgezupft, gehackt oder fein geschnitten*
- *3 Schweinswürstchen*
- *300 g Gänseleber*
- *Gänsehals und -füße*
- *200–300 ml/2–3 dl trockener Weißwein*
- *1 Dose Pelati (400 g), samt Saft, zerkleinert*
- *Meersalz*
- *Pfeffer aus der Mühle*
- *60 g Parmesan*

Die Leber und die übrigen Gänseteile unter fließendem kaltem Wasser waschen. Mit Küchenpapier trocknen.

In einer Kasserolle die Zwiebeln und das Gemüse im Olivenöl anschwitzen. Schweinswürstchen, Gänseleber und Gänseteile dazugeben und rundum anbraten. Die Kräuter beifügen. Mit Salz und Pfeffer würzen. Mit dem Weißwein ablöschen, aufkochen und den Alkohol bei mittlerer Hitze einige

Minuten verdunsten lassen. Die zerdrückten Pelati samt Saft dazugeben, aufkochen und die Sauce bei kleiner Hitze rund 1 Stunde köcheln lassen, bis auch die weniger zarten Teile gar sind.

Den Hals und die Füße aus der Sauce nehmen (sie werden nicht mehr gebraucht). Die Leber und die Schweinswürstchen ebenfalls herausnehmen, in kleine Stückchen schneiden und wieder zum Sugo geben.

Die Nudeln in reichlich Salzwasser in einem großen Kochtopf al dente kochen, in ein Sieb abgießen.

Die Nudeln zum Sugo geben und gut mischen, in einer vorgewärmten Schüssel oder in vorgewärmten Suppentellern anrichten. Parmesan separat servieren.

Variante: Wird die Gänseleber durch Hühnerleber ersetzt, dann ist die Garzeit kürzer, d. h. 30 bis 40 Minuten. Die Hühnerleber wird kurz vor Ende der Garzeit zur Sauce gegeben.

Gänse und Enten werden heute noch auf fast jedem italienischen Bauernhof gehalten. Ihre Zubereitung entspringt alter ländlicher Tradition. Die Tiere leben mit freiem Auslauf auf den Höfen und werden ganz normal und ohne Streß aufgezogen und gefüttert. Die Leber dieser Tiere darf auch aus tierschützerischer Sicht ohne Bedenken gegessen werden. Für unsere etwas leichtere mitteleuropäische Küche läßt sich das Gericht auch mit Hühnerleber zubereiten.

Salsa alla salsiccia e radicchio rosso

Sauce von Schweinswürstchen und rotem Radicchio

Marisa Piccolini, Fattoria Sorbaiano, Montecatini/Val di Cecina

- *200 g toskanische Schweinswürste*
- *250 g roter Radicchio/Cicorino rosso*
- *40 g Butter*
- *3 EL Olivenöl extra vergine*
- *1 kleine Zwiebel, fein gehackt*
- *1/2 Sträußchen Petersilie, fein gehackt*
- *1 Prise Curry*
- *200 ml/2 dl Prosecco (italienischer Schaumwein)*
- *100 g/1 dl Sahne/Rahm*

Die Schweinswürstchen häuten und das rohe Brät mit der Gabel zerdrücken.

Die äußeren Blätter und den Strunk des Radicchio entfernen. Die Köpfchen quer in Streifen schneiden.

Die Butter und das Öl in einer Sauteuse erhitzen, die Zwiebeln bei steigender Hitze anschwitzen, das Wurstbrät dazugeben und kurz braten. Radicchiostreifen und Petersilie dazugeben und ebenfalls anschwitzen. Den Curry darüberstäuben. Mit dem Prosecco ablöschen, umrühren und den Alkohol bei schwacher Hitze einige Minuten verdunsten lassen. Mit Salz und Pfeffer würzen. Die Sahne dazugeben, aufkochen und zu einer sämigen Sauce köcheln. Abschmecken.

Die Nudeln in reichlich Salzwasser in einem großen Kochtopf al dente kochen, in ein Sieb abgießen.

Die Nudeln zum Sugo geben, nochmals vorsichtig erhitzen. In einer vorgewärmten Schüssel oder auf Tellern servieren.

Farfalle alla romana

Schmetterlingsnudeln an Sauce nach Römerinnenart

Marisa Picolini, Fattoria Sorbaiano, Montecatini/Val di Cecina

- *3 EL Olivenöl extra vergine*
- *1 Msp gehackte frische rote Pfefferschote/Peperoncino*
- *1 Zwiebel, fein gehackt*
- *1 Knoblauchzehe, fein gehackt*
- *70 g Pancetta, klein gewürfelt*
- *70 g geräucherte Pancetta, klein gewürfelt*
- *½ Glas guter Rotwein*
- *400 g Pelati aus der Dose, samt Saft*
- *60 g entsteinte schwarze und grüne Oliven, in Scheiben*
- *2 EL gehackte Kräuter, z. B. Rosmarin, Basilikum, Oregano und Petersilie*
- *Meersalz*
- *Pfeffer aus der Mühle*
- *50 g frisch geriebener Pecorino*

In einer Sauteuse das Olivenöl mit den Pfefferschoten, den Zwiebeln und dem Knoblauch erhitzen. Beide Pancettasorten dazugeben und bei großer Hitze anbraten. Mit dem Rotwein ablöschen. Den Alkohol einige Minuten verdunsten lassen, dann die Tomaten, die Oliven und die Kräuter dazugeben. Aufkochen, würzen. 15 Minuten bei kleiner Hitze köcheln lassen. Gelegentlich rühren.

Die Farfalle in einem großen Kochtopf in reichlich Salzwasser al dente kochen, in ein Sieb abgießen.

Die Farfalle und den Pecorino zum Sugo geben und gut vermengen, nochmals 3 bis 4 Minuten köcheln lassen. In vorgewärmten Suppentellern servieren.

Abbildung nebenstehend, unten

Sugo al fegato di pollo

Sugo von Hühnerleber

Lify Bucher, Locarno

- *250 g Hühnerleber*
- *2 EL Olivenöl extra vergine*
- *20 g Butter*
- *2 Frühlingszwiebeln, in feinen Scheiben*
- *1 Glas trockener Weißwein*
- *1 kleine Dose Pelati (200 g), zerkleinert, samt Saft*
- *½ Sträußchen glattblättrige Petersilie, fein gehackt*
- *1 Zweiglein Oregano, Blättchen abgezupft und fein gehackt, oder*
- *2 Prisen getrockneter Oregano*
- *Meersalz*
- *Pfeffer aus der Mühle*
- *100 ml/1 dl Hühnerbrühe/-bouillon*
- *wenig frisch geriebener Parmesan*

Die Hühnerleber unter kaltem Wasser waschen und säubern. Rückstände von Galle und Häuten entfernen. Die Leber mit Küchenpapier trockentupfen, dann in Streifen schneiden.

In einer Sauteuse 1 EL Olivenöl zusammen mit der Butter erhitzen, die Hühnerleber darin anbraten, herausnehmen und warm stellen.

Das restliche Olivenöl zum Bratfond geben und erhitzen, die Frühlingszwiebeln darin anschwitzen. Mit dem Weißwein ablöschen. Den Alkohol einige Minuten verdunsten lassen. Die Tomaten samt Saft dazugeben, aufkochen und bei mittlerer Hitze 5 bis 10 Minuten köcheln lassen. Wenn die Sauce zu stark einkocht, löffelweise mit heißer Hühnerbrühe verdünnen.

Die Hühnerleber zusammen mit der Hälfte Petersilie und dem Oregano unter die Tomatensauce rühren. Die Leber sollte nur noch erhitzt, keinesfalls gekocht werden, da sie sonst zäh und bitter wird. Sauce abschmecken.

Die Nudeln in einem großen Kochtopf in reichlich Salzwasser al dente kochen, in ein Sieb abgießen.

Die Nudeln zur Sauce geben und gut vermengen. In einer vorgewärmten Schüssel oder auf vorgewärmten Tellern anrichten. Petersilie darüberstreuen. Parmesan separat servieren.

Abbildung Seite 95, oben

Pienza, die malerische Kleinstadt in den «Colli senesi», hat es zu besonderer Berühmtheit gebracht. Papst Pius II, mit bürgerlichem Namen Enea Silvio Piccolomini, der im 15. Jahrhundert dort lebte, gab der Stadt seinen Namen und schuf mit seinen städtebaulichen Projekten den Beginn einer neuen Architektur des Mittelalters. Zahlreich sind die Touristen, welche die historisch interessante Stätte besuchen, und so haben in den letzten Jahren viele kleine Restaurants ihre Tore geöffnet. Darunter bezaubert eine kleine Trattoria mit ländlichem-einfachem Charme und traditioneller rustikaler Küche die Gäste ganz besonders. Heute führt Luigina Bartolucci das Zepter im Ristorante «Latte di Luna», assistiert von Delfina, der Mutter ihrer Schwiegertochter Enrica, die mit Sohn Roberto die Gäste bedient. Sie schaffen es auch bei großem Andrang, die Gäste rasch und zugleich charmant zu bewirten, und zwar zu erstaunlich moderaten Preisen. Vielleicht schon kein Geheimtip mehr, aber auf jeden Fall lohnenswert.

Sugo di carne al Ristorante Latte di Luna, Pienza

Fleischsugo nach Rezept
des Restaurant Latte di Luna, Pienza

- *4 EL Olivenöl extra vergine*
- *1 Knoblauchzehe, fein gehackt*
- *1 mittlere Zwiebel, fein gehackt*
- *2 Sproß Stauden-/Stangensellerie, klein gewürfelt (Brunoise)*
- *2 mittlere Möhren/Karotten, klein gewürfelt (Brunoise)*
- *1/2 Sträußchen Petersilie, fein gehackt*
- *300 g Kalbfleisch, gehackt*
- *400 g Pelati aus der Dose, samt Saft, zerkleinert*
- *Meersalz*
- *Pfeffer aus der Mühle*
- *100 ml/1 dl Fleischbrühe*
- *60 g frisch geriebener Parmesan*

Das Olivenöl in einer Sauteuse erhitzen, Knoblauch, Zwiebeln, Sellerie, Möhren und Petersilie darin anschwitzen. Die Hitze erhöhen, das Kalbfleisch zusammen mit dem Gemüse unter Rühren anbraten. Die Tomaten dazugeben. Aufkochen und würzen. Die Sauce bei kleiner Hitze rund 90 Minuten köcheln lassen. Wenn nötig mit wenig Fleischbrühe verdünnen.

Die Spagnetti in reichlich Salzwasser in einem großen Kochtopf al dente kochen, in ein Sieb abgießen.

Die Spaghetti mit dem Fleischsugo mischen. Anrichten. Den Parmesan darüberstreuen.

Foligno, eine umbrische Kleinstadt zwischen Perugia und Spoleto, ist die 26 km Fahrt von Perugia mehr als wert. Nicht nur weil Foligno mit mittelalterlichem Dom und intaktem Kern alles zu

bieten hat, was historische Städte zur reinen Quelle touristischer Freuden macht. Es befindet sich da beispielsweise auch die Kunstbuchhandlung Giovanni Carnevali, in der sich Kunstfreunde – allerdings eher solche, die der italienischen Sprache kundig sind –

stundenlang in hochkarätigen Schätzen vieler Jahrhunderte vergraben können. Ganz in der Nähe kommen auch der Gaumen und die Seele nicht zu kurz. In der winzigkleinen Önothek «Il Bacco felice» (Bacchus, der Gott des Weines) zelebriert der Sizilianer Salvatore Denaro fast täglich ein wahres Festival der Sinne. Er köchelt auf seiner mobilen Kochstelle eigene und adaptierte sizilianische und umbrische Gerichte, hat zu allem den richtigen Tropfen und weiß sachkundig zu informieren. Im späten Herbst ja nicht verpassen: die Bruschetta mit dem frischgepreßten, fast grasgrünen, kaum tagealten Olivenöl!

N'dunnja calabresi

Kalabresische Fleischsauce

Salvatore Denaro, Foligno

- *5 EL Olivenöl extra vergine*
- *300 g Schweinefleisch, gehackt*
- *1 Msp frische rote Pfefferschote/ Peperoncino, klein gehackt*
- *2 EL Brotbrösel/Paniermehl*
- *300 ml/3 dl Tomatensauce (Seite 32)*
- *Petersilie, Oregano oder Basilikum, für die Garnitur*

In einer Sauteuse 3 EL Olivenöl erhitzen. Das Fleisch zusammen mit den Pfefferschoten anbraten. Mit der Tomatensauce auffüllen, aufkochen und bei kleiner Hitze rund 10 Minuten köcheln lassen.

In einer Sauteuse die Brotbrösel in 2 EL Olivenöl anschwitzen, unter die Sauce rühren. Die Sauce bei kleiner Hitze ein paar Minuten köcheln lassen.

Spaghetti in reichlich Salzwasser in einem großen Kochtopf al dente kochen, in ein Sieb abgießen.

Spaghetti zur Fleischsauce geben und alles gut vermengen. Mit den Kräutern garnieren.

Schweinefleisch: Im Originalrezept wird eine Wurst (N'Dunnja) aus grobem, kräftig gewürztem Schweinebrät verwendet. Die Wurst ist so scharf, daß weder mit Pfefferschoten noch Salz und Pfeffer gewürzt werden muß.

Käse- Nuß- Pilz-

Saucen

Tagliatelle fresche con salsa di tartufo

Frische Eiernudeln an Trüffelsauce

Loriana Ciumi, Torrita di Siena

- *20 g schwarze Trüffel*
- *50 g Butter*
- *200 g/2 dl Sahne/Rahm*
- *Meersalz*
- *Pfeffer aus der Mühle*
- *wenig Parmesan oder Pecorino, frisch gerieben, nach Belieben*

Die Trüffel mit der Trüffelreibe in hauchfeine Blättchen reiben.

Die Butter erhitzen, aber nicht braun werden lassen, die Trüffelblättchen zugeben, rühren, ganz kurz anschwitzen. Nun die Sahne dazugeben, aufkochen und auf kleinem Feuer köcheln lassen, bis die Sauce die richtige Konsistenz hat, was höchstens 4 bis 5 Minuten dauert. Mit Salz und Pfeffer abschmecken.

Eiernudeln in reichlich Salzwasser in einem großen Kochtopf al dente kochen, in ein Sieb abgießen.

Die Eiernudeln zur Sauce geben, gut vermengen. In einer vorgewärmten Schüssel oder auf vorgewärmten Tellern anrichten.

Genuß und Aroma lassen sich steigern, wenn man über das fertige Gericht noch einige Trüffelblättchen reibt. Käse wird höchstens separat serviert, denn echte Feinschmecker genießen das feine Trüffelaroma pur. Die Trüffelsaison ist eher spät im Herbst. Selbstverständlich kann diese köstliche Sauce auch mit der noch kostbareren weißen Trüffel zubereitet werden, deren Aroma noch intensiver ist als jener der schwarzen Trüffel.

Abbildung nebenstehend

Köstlich und mit seinem eigenständigen Duft ebenso unvergleichbar und unübertrefflich: il tartufo – die Trüffel. Sie kommt vorwiegend im Piemont, in der Provence, aber auch in der Toskana und in Umbrien, in der Gegend von Siena, dem Trasimensischen See und in den Colli senesi vor. Sie wächst unter der Erde in Symbiose mit Eichen, Silberpappeln und Eschen und kann nur von abgerichteten Hunden oder Schweinen erschnüffelt werden. Schon die schwarze Trüffel ist rar und teuer; fast mit Gold aufgewogen wird von Feinschmeckern die noch seltenere weiße Trüffel, die nur von Kennern in den Wintermonaten vor Weihnachten zu finden ist.

Penne al Gorgonzola

Nudeln an Gorgonzolasauce

Lify Bucher, Locarno

Die klassische Gorgonzolasauce Norditaliens hat von Lify Bucher, Autorin des Kochbuches «Mamminas Rezepte aus dem Süden», eine persönliche Note bekommen. Ihr Elternhaus war das einst berühmte Grande Albergo Pegli bei Genua. Wie sie noch heute mit Wonne erzählt, verbrachte sie – nicht zur eitlen Freude ihrer Mama, der Frau Hoteldirektorin – ihre Freizeit oft in der Küche, wo sie, davon ist die heute 97jährige überzeugt, ebenfalls viel fürs Leben lernte.

- *50 g Butter*
- *80 g Gorgonzola, zerkleinert*
- *60 g geriebener Fontina oder Sbrinz*
- *1 Freilandei*
- *Pfeffer aus der Mühle*
- *1–2 Tassen sehr heißes Nudelwasser*
- *1 TL Butter*
- *20–30 Salbeiblättchen*

Die Nudeln in reichlich Salzwasser in einem großen Topf al dente kochen, in ein Sieb abgießen, dabei 1 bis 2 Tassen Kochwasser für die Sauce aufbewahren.

Die Butter im heißen Wasserbad schmelzen. Den Gorgonzola stückchenweise mit dem Schneebesen unter die Butter rühren und zergehen lassen. Zuerst den geriebenen Käse, dann das verquirlte Ei unter die Sauce rühren. Mit Pfeffer würzen. Vom heißen, jedoch nicht siedenden Nudelwasser so viel löffelweise unter die Gorgonzolasauce rühren, bis sie sämig ist.

In einer kleinen Sauteuse die Butter erhitzen – sie darf nicht rauchendheiß sein! – und die Salbeiblättchen darin knusprig braten.

Die heißen Nudeln in einer vorgewärmten Schüssel mit der Gorgonzolasauce mischen. Mit den knusprigen Salbeiblättchen garnieren und sofort servieren.

Gorgonzolasauce: Es gibt Rezepte, die für diese Käsesauce keine Käsemischung, sondern nur Gorgonzola vorsehen, diesen dafür aber mit etwas Milch und Sahne binden. Ausprobieren und das beste Rezept zum Hausrezept küren!

Abbildung nebenstehend, oben

Tagliatelle al zafferano e papavero

Safrannudeln mit Mohnsamen

Marlies Burget, Perugia

- *2 EL Olivenöl extra vergine*
- *2 EL Mohnsamen*
- *50 g Butter*
- *2 Beutel Safranpulver*
- *Meersalz*
- *Pfeffer aus der Mühle*
- *Petersilie, fein gehackt*
- *wenig geriebener Parmesan, nach Belieben*

Di Mohnsamen im nicht zu heißen Olivenöl in einer Sauteuse rösten. In ein Schüsselchen geben und beiseite stellen.

In derselben Sauteuse die Butter bei mittlerem Feuer zergehen lassen. Das Safranpulver in einem Schüsselchen mit 3 Eßlöffeln heißem Wasser auflösen und in die schäumende Butter einrühren. Hitze überwachen, die Butter darf nicht braun werden!

Die Nudeln in reichlich Salzwasser in einem großen Kochtopf al dente kochen, in ein Sieb abgießen.

Die Nudeln zur Safranbutter geben und gut damit vermengen und abschmecken. Ganz am Schluß die Mohnsamen und die Petersilie daruntermischen.

Abbildung auf Seite 109, unten

Salsa rosa

Feine Tomatensauce

Loriana Ciumi, Torrita di Siena

- *60 g Butter*
- *2 Frühlingszwiebeln, in feinen Scheiben*
- *3 EL Cognac*
- *4 EL Tomatensauce (Seite 32)*
- *Meersalz*
- *Pfeffer aus der Mühle*
- *60 g frisch geriebener Parmesan*
- *Sahne/Rahm*

In einer Sauteuse die Zwiebeln in der Butter bei mäßiger Hitze 5 Minuten anschwitzen. Ab und zu rühren. Die Hitze steigern und den Cognac dazugeben, den Alkohol einige Minuten verdunsten lassen. Die Tomatensauce darunterrühren. Mit Salz und Pfeffer aus der Mühle würzen. Die Hitze so regulieren, daß die Sauce nur knapp köchelt. Den Parmesan darunterrühren und so viel Sahne dazugeben, bis die Sauce sämig ist.

Die Nudeln in reichlich Salzwasser in einem großen Kochtopf al dente kochen, in ein Sieb abgießen.

Die Nudeln mit der Sauce mischen. In vorgewärmten Tellern servieren.

Sugo boscaiola

Steinpilzsauce «Boscaiola»

Ristorante Latte di Luna, Pienza

Im «Latte di Luna» kann man den Steinpilzsugo «Boscaiola» während des ganzen Jahres genießen. Mama Luigina macht es möglich: sie schneidet während der Steinpilz-Saison die Pilze in feine Scheiben und gefriert diese ein. In ihrem Sugo hat es aber auch Kräuter, wenig Pfefferschoten und Brät einer toskanischen Schweinswurst, alles Zutaten, die mit den Steinpilzen zu einem köstlich-runden Geschmack verschmelzen.

- *150 g toskanische Schweinswurst*
- *3 EL Olivenöl extra vergine*
- *1 Sträußchen Petersilie, fein gehackt*
- *2 Knoblauchzehen, fein gehackt*
- *wenig Pfefferschote/Peperoncino, fein gehackt*
- *300 g frische oder gefrorene Steinpilze, in feinen Scheiben*
- *1 Dose Pelati (400 g)*
- *Meersalz*
- *Pfeffer aus der Mühle*
- *frisch geriebener Parmesan, nach Belieben*

Die gefrorenen Steinpilze auftauen lassen.

Die Schweinswurst häuten und das Brät mit einer Gabel zerdrücken. Beiseite stellen.

In einer Sauteuse Petersilie, Knoblauch und Pfefferschoten im Olivenöl anschwitzen, die Hitze steigern und das Wurstbrät dazugeben und leicht anbraten. Anschließend die Steinpilze dazugeben und kurz anschwitzen. Mit Salz und Pfeffer würzen. Mit den Tomaten samt Saft ablöschen, aufkochen und unter gelegentlichem Rühren während etwa einer Stunde leise köcheln lassen. Abschmecken.

Die Spaghetti in reichlich Salzwasser in einem großen Kochtopf al dente kochen, in ein Sieb abgießen.

Die Spaghetti zum Steinpilzsugo geben, gut vermengen. In einer vorgewärmten Schüssel oder in vorgewärmten Tellern servieren. Parmesan separat servieren.

Paglia e fieno con sugo di funghi porcini

Grüne und weiße Nudeln an Steinpilzsauce

Lify Bucher, Locarno

- *50 g getrocknete Steinpilze*
- *3 Knoblauchzehen, gehackt*
- *50 g geschälte Wal-/Baumnüsse, halbiert oder geviertelt*
- *100 g/1 dl Sahne/Rahm*
- *3 EL Olivenöl extra vergine*
- *Meersalz*
- *weißer Pfeffer aus der Mühle*
- *Gemüsebrühe, nach Bedarf*
- *1 Sträußchen Petersilie, fein gehackt*
- *geriebener Parmesan, nach Belieben*

Die getrockneten Steinpilze etwa 30 Minuten in lauwarmem Wasser einweichen, dann das Wasser abgießen. Die Pilze ausdrücken und in Streifen schneiden.

$1^1/_2$ Knoblauchzehen, Nüsse und Sahne im Mixer oder im Cutter zu einer Paste pürieren.

In einer Sauteuse den restlichen Knoblauch zusammen mit den Steinpilzen scharf anschwitzen. Die Pilze dünsten, bis die Flüssigkeit verdampft ist. Würzen. Mit wenig Gemüsebrühe ablöschen. Die Pilze bei kleiner Hitze etwa 20 Minuten sanft köcheln lassen. Die feingehackte Petersilie und die Nußpaste darunterrühren. Mit Pfeffer abschmecken.

Die grünen und weißen Nudeln in reichlich Salzwasser in einem großen Kochtopf al dente kochen, in ein Sieb abgießen.

Die Nudeln zur Pilzsauce geben und gut mischen. In einer vorgewärmten Schüssel oder auf Tellern anrichten. Nach Belieben mit geriebenem Parmesan servieren.

Abbildung nebenstehend

«Paglia e fieno» heißt wörtlich «Stroh und Heu», also getrocknete Getreidehalme und getrocknetes Gras. Bei Pasta steht «paglia» mit seiner hellgelben Farbe für normale gelbe Nudeln, «fieno» mit seiner grünen Farbe für mit Spinat gefärbte Nudeln.

Ravioli di ricotta al sugo di noci

Ravioli mit Ricottafüllung an Nußsauce

Giovanna Waeckerlin Induni

Tomatensauce

- *600 g sonnengereifte Fleischtomaten*
- *100 ml/1 dl Olivenöl extra vergine*
- *2 mittlere Möhren/Karotten, fein gehackt*
- *1 Sproß Stauden-/Stangensellerie, fein gehackt*
- *1 mittlere Zwiebel, fein gehackt*
- *1 Prise Zucker*
- *Meerssalz*
- *Pfeffer aus der Mühle*
- *Basilikum, fein gehackt*

Nußsauce

- *2 EL Olivenöl extra vergine*
- *12 ganze geschälte Walnuß-/Baumnußkerne, fein gehackt*
- *Meersalz*
- *Pfeffer aus der Mühle*
- *1/2 l Tomatensauce*
- *80 g Butter*

Den Stielansatz bei den Tomaten entfernen, die Früchte achteln.

Das Olivenöl erhitzen, Tomaten, Möhren, Sellerie und Zwiebeln darin bei mittlerer Hitze anschwitzen. Würzen. Das Ganze so lange köcheln lassen, bis sämtliches Gemüse weich ist. Ab und zu rühren. Die Sauce durch ein Passetout/Passiergerät drehen.

Für die Nußsauce das Olivenöl bei mittlerer Temperatur erhitzen. Die Nüsse zusammen mit Salz und Pfeffer unter ständigem Rühren eine Minute anschwitzen. Löffelweise Tomatensauce und Butter zufügen. Immer rühren. Die Sauce aufkochen, mit wenig Wasser verdünnen. Zugedeckt bei kleinster Hitze 10 Minuten köcheln lassen. Eventuell nachwürzen.

Die Ravioli in reichlich Salzwasser in einem großen Kochtopf al dente kochen. Ravioli mit einem Schaumlöffel aus dem Kochwasser nehmen, kurz abtropfen lassen, auf die Teller verteilen und mit der Nußsauce überziehen. Heiß servieren.

Abbildung nebenstehend

Giovanna Waeckerlin Indunis Vorfahren lebten südlich der Schweizer Alpen und müssen ihr eine notorische kulinarische Neugierde und Erfahrungslust in die Wiege gelegt haben. Sie kann deshalb keinem guten Kochbuch widerstehen und brachte es inzwischen auf eine beneidenswerte Sammlung, aus der sie dieses Rezept beisteuerte.

Spaghetti al sugo del bosco

Spaghetti an Waldpilzsauce

Pier Paolo Maestrini, Mercato delle Gaite, Bevagna

- *4–5 EL Olivenöl extra vergine*
- *2 Knoblauchzehen, fein gehackt*
- *1 Sträußchen Petersilie, fein gehackt*
- *wenig frische rote Pfefferschote/ Peperoncino, fein gehackt*
- *300 g gemischte Waldpilze*
- *200 ml/2 dl trockener Weißwein*
- *Meersalz*
- *Pfeffer aus der Mühle*

Die Pilze mit einem trockenen Tuch reinigen, die Schnittstellen kappen und die Pilze in feine Scheiben schneiden.

In einer Sauteuse den Knoblauch im Olivenöl bei mittlerer Hitze bräunen. Die Hälfte der feingehackten Petersilie und die Pfefferschoten dazugeben und leicht anschwitzen. Die Pilze bei starker Hitze 5 Minuten anschwitzen. Mit dem Weißwein ablöschen, aufkochen und bei mittlerer Hitze 15 Minuten dünsten. Mit Salz und Pfeffer würzen.

Die Spaghetti oder Nudeln in reichlich Salzwasser in einem großen Kochtopf al dente kochen, in ein Sieb abgießen.

Die Spaghetti zuammen mit der restlichen Petersilie zu den Pilzen geben und gut vermengen. Ein nicht zu knapper «Faden» besten Olivenöls über das Gericht geführt, gibt ihm den letzten Schliff.

Die Spaghetti auf vorgewärmten Tellern anrichten.

Stimmungsbild von Tagliatelle al sugo fegato d'oca (Seite 95) und Spaghetti al sugo del bosco (beide Rezepte von Pier Paolo Maestrini)

Sugo al profumo del bosco

Waldpilzsugo

Nicola Masiello, Ristorante Betulia, Bettolle

- *600 g gemischte Waldpilze, z. B. Steinpilze, Pfifferlinge, Champignons usw., je nach Saison*
- *7 EL Olivenöl extra vergine*
- *1 kleine Zwiebel, grob gehackt*
- *1 Knoblauchzehe, grob gehackt*
- *100 ml/1 dl guter Rotwein*
- *1/2 Sträußchen Majoran, grob gehackt*
- *1/2 Sträußchen Estragon, grob gehackt*
- *1 Prise Zimtpulver*
- *1 Prise Curry*
- *200 g/2 dl Sahne/Rahm oder Bechamelsauce*
- *Meersalz*
- *Pfeffer aus der Mühle*
- *1/2 Sträußchen Petersilie, fein gehackt*

Die Pilze mit einem trockenen Tuch reinigen, die Schnittstellen kappen. Die Pilze je nach Größe halbieren, vierteln oder in Scheiben schneiden.

Die Zwiebeln und den Knoblauch im Olivenöl anschwitzen, die Pilze dazugeben und scharf anschwitzen. Einen Teil der Flüssigkeit verdunsten lassen. Mit dem Rotwein ablöschen, aufkochen und den Alkohol einige Minuten verdunsten lassen. Die Kräuter darunterrühren. Würzen mit Zimt, Curry, Salz und Pfeffer. 20 bis 30 Minuten zugedeckt leicht köcheln lassen. Die Pilze etwas abkühlen lassen, dann durch den Fleischwolf drehen oder im Cutter oder im Mixer grob zerkleinern. Die Pilze in einer Schüssel im Kühlschrank ein paar Stunden zugedeckt stehen lassen, damit das Aroma der Kräuter und Gewürze von den Pilzen aufgenommen wird.

Die Nudeln, z. B. Pennette, in reichlich Salzwasser in einem großen Kochtopf al dente kochen, in ein Sieb abgießen.

Die Pilzsauce zusammen mit der Sahne oder der Bechamelsauce unter ständigem Rühren erwärmen. Abschmecken. Die Nudeln dazugeben und gut mischen.

In einer vorgewärmten Schüssel oder auf vorgewärmten Tellern anrichten. Die Petersilie darüberstreuen.

Frittata di pasta

Nudelpfannkuchen

Salvatore Denaro, Enoteca «Il Bacco felice», Foligno

- *500 g gekochte Nudeln*
- *1 Portion Tomatensauce (Seite 32)*
- *4 Freilandeier*
- *50 g frisch geriebener Parmesan oder Pecorino*
- *Olivenöl extra vergine*

Die Eier in einer großen Schüssel aufschlagen, den geriebenen Käse darunterrühren.

Eiermasse, gekochte Nudeln und Tomatensauce gut mischen.

In einer weiten Sauteuse wenig Olivenöl erhitzen und etwa die Hälfte der Nudelmasse darin anbraten. Die Sauteuse ständig etwas bewegen und darauf achten, daß die Hitze nicht zu groß wird (mittlere Stufe), damit die Masse nicht anbrennt und gleichmäßig erhitzt wird. Die Sauteuse vom Herd nehmen und den Pfannkuchen auf einen Teller gleiten lassen. Warm stellen.

Nochmals etwas Olivenöl in die Sauteuse geben, die restlichen Nudeln hineingeben. Gleich verfahren wie beim ersten Pfannkuchen.

Den ersten Pfannkuchen mit der ungebackenen Seite nach unten in die Sauteuse geben. Die zweite Omelette mit der ungebackenen Seite nach oben darauflegen. Weiterbraten. Einen Deckel oder ein Brett daraufpressen, damit die beiden Teile «zusammenwachsen». Der Pfannkuchen sollte mindestens zweimal gewendet werden. Empfehlenswert: Mit einer Bratschaufel prüfen, damit nichts anbrennt. Pfannkuchen in eine flache Schüssel gleiten lassen. Nach Belieben feingehackte Kräuter darüberstreuen und mit einigen Tropfen Olivenöl abrunden. Dieses Gericht schmeckt auch kalt ganz vorzüglich!

Seiten 120/121
Die Enoteca von Salvatore Denaro in Foligno ist Weinhandlung, Bar, Treffpunkt, kulinarisches Kuriositätenkabinett mit Schwerpunkt Sizilien und Süditalien in einem – und auch eine unvergeßliche Adresse für individuelle Gastronomie.

Verwendete Abkürzungen
EL = gestrichener Eßlöffel
TL = gestrichener Teelöffel
ml = Milliliter
dl = Deziliter

Wo nicht anders vermerkt,
sind die Rezpte für 4 Personen
berechnet.

Stichwortverzeichnis

Al dente 25
Alkohol verdunsten lassen 26

Bißfest 25

Cappellini 17
Casalinga 23
Coniglie 17

Eiernudeln 17
Eiernudeln, Rezept 22

Farfalle 17
Fave 43
Federn 17
Fettuccine 17
Flüssigkeitsmenge 26
Flüssigkeit einreduzieren 26

Garkniff 25

Kasserolle 25
Kochtopf 24
Kravättli 17

Linguine 17

Mis en place 26
Muscheln (Meeresfrüchte), zubereiten 76
Muscheln (Nudeln) 17

Nudeln, farbige 17
Nudelübersicht 21

Öhrchen 17
Olivenöl, kaltgepreßt 27
Orecchiette 17

Pancetta 31
Pappardelle 17
Pasta al forno 18
Pasta asciutta 16, 17
Pasta corta 17, 18
Pasta lunga 17, 18
Pasta, Menge pro Person 26
Pasta ripiena 18
Pastazubereitung 24
Penne 17
Peperoncino 33
Pfeffer 27
Pfefferschote 33

Ragù 23, 24
Ricotta 23

Salsa 23, 24
Salsiccia 85
Sauteuse 24
Sugo 23, 24

Schmetterlingsnudeln 17

Tagliatelle 17
Taglionlini 17
Tomate, schälen 32
Trüffel 107

Vermicelli 17
Vermicellini 17

Wein 26
Wein, einreduzieren 26

Zucchiniblüten, vorbereiten 38

Die Autorin

Yvonne Tempelmann ist Fachjournalistin für Wohnen und Innenarchitektur, Chefredaktorin der Zeitschrift TAVOLA und Mitautorin von zwei erfolgreichen Kochbüchern mit italienischen Rezepten (Mamminas Rezepte aus dem Süden, La Cucina Toscana della Chiusa, beide AT Verlag). Sie lebt in Zürich und hat seit ein paar Jahren ein zweites Domizil in der Toskana in den Colli senesi. So lernte sie den italienischen Lebensstil, Land und Leute immer besser kennen; zu erwähnen ist dabei insbesondere die gepflegte, unkomplizierte Gastfreundschaft. Das vorliegende Buch ist eine Hommage an ihre italienischen Freunde und Bekannten.

Der Fotograf

Thomas Cugini lebt und arbeitet als freischaffender Fotograf in Zürich. Er vollendete seine fotografische Ausbildung an der Kunstgewerbeschule in Zürich unter Hans Finsler und gründete nach verschiedenen Auslandaufenthalten sein eigenes Studio, wo er sich mit verschiedenen fotografischen Gebieten, unter anderem auch der Food-Fotografie, befaßt. Als gebürtiger Italiener hat er eine besondere Beziehung zur italienischen Lebensweise und Kochkunst – diese Begeisterung für die «Italianità» ist in seinen Aufnahmen spürbar wiederzufinden.

Utensilien

Das Pastaset «Domo» (Seite 25) und die Sauteusen wurden uns von der Firma Spring/Switzerland, 8360 Eschlikon, zur Verfügung gestellt.

Wir fotografierten auf Keramiktellern aus Apulien, von denen einige Dekors bei Globus, Zürich, und Filialen, und einige bei Dingo, Zürich, erhältlich sind. Die Keramikteller auf dem Titelbild stammen von Ceramice Caleca S.R.L. in Marina di Patti (Me) und wurden uns von Salvatore Denaro, Enoteca Il Bacco felice, Foligno, zur Verfügung gestellt. Wir danken herzlich.